CAP SUR PAS À PAS

LE CARNET DE VOYAGE DE LA FAMILLE COUSTEAU

AUTRICES DU LIVRE DE L'ÉLÈVE
Amandine Demarteau   Fanny Piat   Adélaïde Tilly

AUTRICES DU CAHIER D'ACTIVITÉS
Nilgun Ergun   Gwendoline Le Ray   Stéphanie Pace   Hélène Simon

ILLUSTRATEUR
Robert Garcia (Gaur Estudio)

ILLUSTRATRICE
Cristina Torrón

www.emdl.fr/fle
Éditions Maison des Langues

LE MOT DES AUTRICES

Cap sur… pas à pas c'est la méthode que nous, autrices, nous aimerions avoir dans nos classes : originale, ludique, actionnelle, dynamique et interculturelle. Elle reflète la richesse des cultures francophones et emmène nos apprenants en voyage autour du monde avec la sympathique famille Cousteau.

Grâce à de magnifiques illustrations et à des chansons entrainantes, chaque unité offre aux apprenants l'opportunité d'un apprentissage du français tout en couleurs et en musique.

Des jeux intégrés aux leçons et un projet à réaliser seul ou en groupe permettent aux apprenants de mémoriser progressivement le lexique et les structures langagières, en vivant de manière pratique et immédiate la langue française, tout en devenant les compagnons des Cousteau dans leur exotique exploration du globe.

Si vous croyez, comme nous, que la curiosité est une belle qualité et un moteur d'apprentissage, faites vos valises et entrainez vos classes dans un joyeux tour du monde francophone.

Amandine Demarteau, Fanny Piat et Adélaïde Tilly

LES VIDÉOS DE CAP SUR... PAS À PAS 4

Disponibles sur espacevirtuel.emdl.fr

Unité 1

« Poseidon attacks litterbug »

Quand un baigneur jette un papier sur la plage, Poséidon, le dieu de la mer, n'est pas content...

Unité 2

Pelico est sur le départ !

Pelico part faire un tour du monde avec Anne et Clémence. Qu'est-ce qu'il fera ? Quels pays il visitera ?

Unité 3

Tok-Tok : comment colorer le monde ?

Tok-Tok découvre le street art à Paris. Il trouve ça génial et te donne une recette pour colorer le monde !

Unité 4

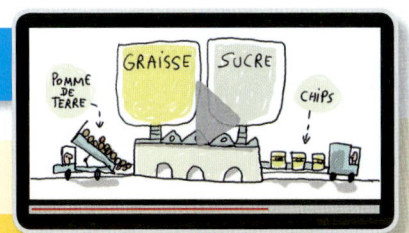

Pourquoi doit-on faire attention à ce qu'on mange ?

Aujourd'hui on mange plus gras, plus salé et plus sucré qu'avant. Il faut faire attention ?

trois 3

TABLEAU DES CONTENUS

Mission Bricolo Bonus Mon carnet de voyage > p.12

Livre de l'élève	Communication	Lexique
Unité 0 > p.14 C'est reparti !	• Décrire un vêtement • Décrire une personne	• Les sports • Les activités
Unité 1 > p.16 Protégeons la planète !	• Exprimer le but • Inciter à faire quelque chose • Exprimer une négation complexe • Donner des conseils • Présenter une personne qu'on admire	• L'environnement, l'écologie • Le caractère
Unité 2 > p.28 Bonne année !	• Faire des comparaisons (1) • Parler du futur • Raconter une rencontre	• L'amour, l'amitié • Les fêtes
Unité 3 > p.40 On rentre en Europe !	• Raconter au passé (1) • Exprimer son opinion • Faire des comparaisons (2) • Décrire une ville	• Le street art • Les expressions d'opinion • La ville • La campagne
Unité 4 > p.52 Une journée à Bruxelles	• Raconter au passé (2) • Faire la biographie de quelqu'un • Exprimer la fréquence • Parler de son alimentation	• Les nombres ordinaux • La biographie • L'alimentation

Cahier d'activités > p.65

UNITÉ 0 p.66

UNITÉ 1 p.68
- Leçon 1 p.68
- Leçon 2 p.70
- Leçon 3 p.72
- Des lettres et des sons p.74
- Mission découverte p.75
- Cap sur les sciences p.76
- Cap ou pas cap ? p.77

UNITÉ 2 p.78
- Leçon 1 p.78
- Leçon 2 p.80
- Leçon 3 p.82
- Des lettres et des sons p.84
- Mission découverte p.85
- Cap sur la littérature p.86
- Cap ou pas cap ? p.87

4 quatre

NIVEAU A2.1

Grammaire	Lettres et sons	(Inter)culturel	Projet
• *être en train de* + verbe • *aimer, ne pas aimer, adorer, détester* + verbe			
• *pour* + verbe • l'impératif avec *nous* • *ne... rien, ne... jamais* • *tous, toujours* • *si/quand* + présent, impératif • *c'est... que, c'est... qui*	• Le son [ʒ] comme *courageuse, agir, jeter*	• L'écologie et les jeunes • Vidéo : «Poseidon attacks litterbug»	*Notre affiche écolo*
• le futur simple • *plus de, moins de* • *l'année prochaine, en 2030, quand je serai en France, dans un an...* • les verbes pronominaux au présent et au pluriel	• Les sons [ʒ] comme *gentil* et [g] comme *Gaston*	• Les fêtes dans le monde • Vidéo : Pelico est sur le départ !	*Notre roman-photo*
• le passé composé avec *avoir* (forme affirmative et négative) • *hier, l'année dernière, la semaine passée...* • *plus... que, moins... que*	• Les différentes prononciations de *plus*	• Le street art dans le monde • Vidéo : Tok-Tok : comment colorer le monde ?	*Moi, je suis super...*
• le passé composé avec *être* (forme affirmative et négative) • *jamais, rarement, parfois, souvent* • *tous les jours, une fois par mois* • *un peu, très peu, beaucoup de, autant que tu veux*	• Les sons [u] comme *roue, poule* et [y] comme *rue, pull*	• Destins et légendes • Vidéo : Pourquoi doit-on faire attention à ce qu'on mange ?	*Notre dessin «animé»*

UNITÉ 3   p.88
- Leçon 1   p.88
- Leçon 2   p.90
- Leçon 3   p.92
- Des lettres et des sons   p.94
- Mission découverte   p.95
- Cap sur les arts plastiques   p.96
- Cap ou pas cap ?   p.97

UNITÉ 4   p.98
- Leçon 1   p.98
- Leçon 2   p.100
- Leçon 3   p.102
- Des lettres et des sons   p.104
- Mission découverte   p.105
- Cap sur l'informatique   p.106
- Cap ou pas cap ?   p.107

CAP SUR LE DELF PRIM p.108

GLOSSAIRE p.118

CHANSONS p.124

LA CARTE DU MONDE p.126

cinq 5

DYNAMIQUE DU LIVRE DE L'ÉLÈVE

1 Une double-page de carnet de voyage pour entrer dans le thème de l'unité

Un jeu énigme

Des activités de production orale

Une grammaire très visuelle

3 Un résumé grammatical

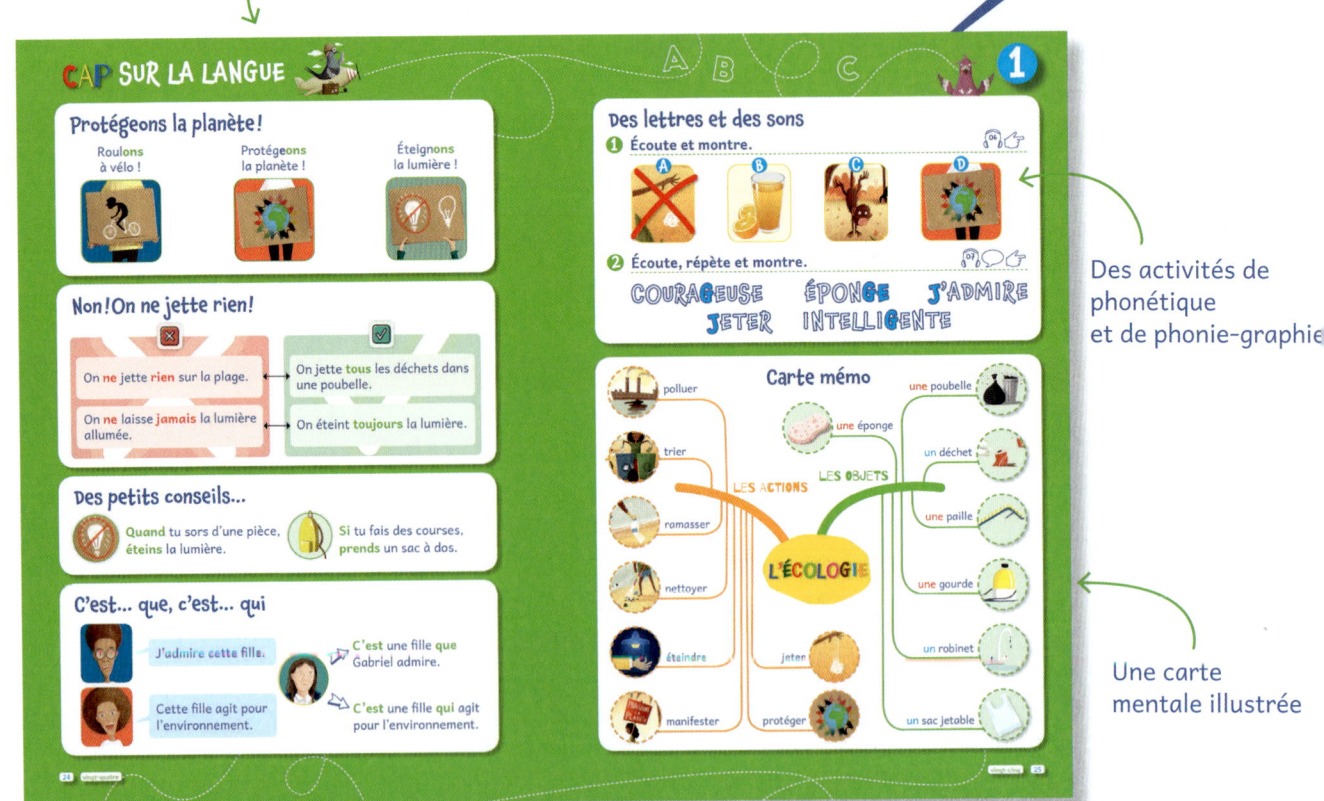

Des activités de phonétique et de phonie-graphie

Une carte mentale illustrée

6 six

2 Trois doubles-pages de leçon

Une police et une mise en page adaptées aux élèves DYS

Une démarche progressive et ludique

Des consignes simples et illustrées

Des jeux pour stimuler la production orale

Une vidéo authentique par unité (dessin animé, bande annonce, clip, court-métrage, sketch, etc.)

Des activités manuelles, ludiques et créatives pour pratiquer la langue en contexte

5 Une page interculturelle

4 Un projet final

Une page interculturelle qui reprend un élément apparu dans le carnet de voyage

sept 7

DYNAMIQUE DU CAHIER

LES UNITÉS

1 Trois doubles-pages d'activités motivantes et variées pour renforcer l'apprentissage des contenus abordés dans la partie *Livre de l'élève*

Des consignes simples et illustrées

Des activités ludiques

Une police et une mise en page adaptées aux élèves DYS

Des activités avec des autocollants

Des activités pour travailler les chansons

2 Une page pour travailler la lecture, l'écriture et la phonétique

3 Une page interculturelle

4 Une page interdisciplinaire

5 Une page d'autoévaluation

Des activités interculturelles pour approfondir les thématiques de la partie *Livre de l'élève*

Un jeu pour stimuler l'évaluation

8 huit

LES ANNEXES

6 Des pages de préparation au DELF PRIM A2

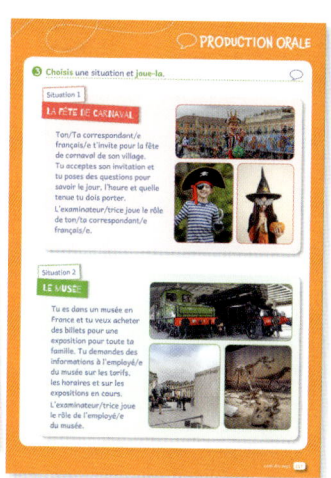

7 Un glossaire illustré pour mémoriser plus facilement le lexique et pour noter la traduction

8 Les transcriptions des chansons

9 Des autocollants

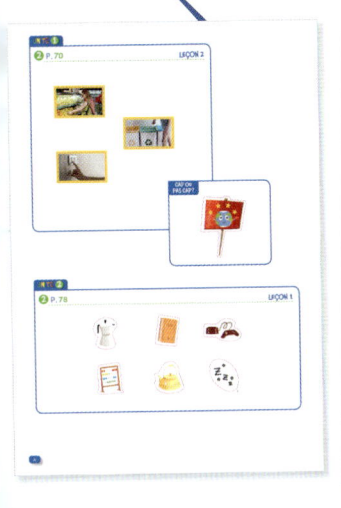

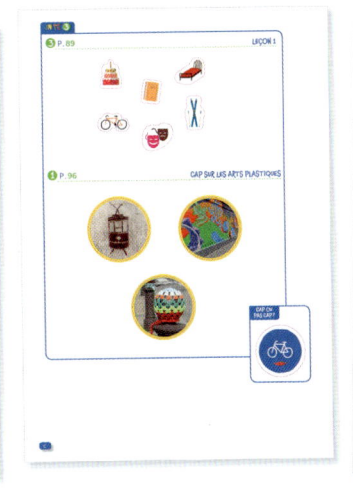

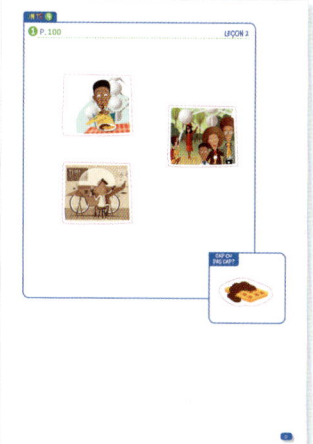

neuf 9

MON LIVRE

Je colle ma photo.

Je m'appelle ....
J'ai .... ans.

MISSION BRICOLO BONUS

MON CARNET DE VOYAGE

MATÉRIEL
- des catalogues de voyage
- des ciseaux, de la colle
- deux feuilles cartonnées
- une vingtaine de feuilles blanches
- une perforeuse
- de la ficelle

En premier, tu fais la couverture de ton carnet.

① Découpe des photos de voyage que tu aimes.

② Découpe des lettres différentes pour écrire le titre : carnet de voyage.

③ Colle le titre sur une des feuilles cartonnées.

④ Colle les photos sur les feuilles cartonnées.

12 douze

5 Perfore les feuilles et la couverture.

6 Assemble ton carnet avec de la ficelle.

7 Quand tu finis une mission découverte, colle ta photo ou ton dessin dans ton carnet de voyage. Écris ton texte.

Complète ton carnet de voyage pendant toute l'année.

UNITÉ 0
C'EST REPARTI !

1. Observe et parle.

Observe la famille Cousteau.
Choisis un personnage et décris-le sur les deux images.
- Je choisis Gabriel. Sur l'image A, il porte un pantalon bleu...

A

B

LE TABLEAU VIVANT

JOUE

A. Tu te promènes dans la classe avec tes camarades. Une partie de la classe regarde.

B. Quand ton enseignant/e frappe dans ses mains, tu t'arrêtes et tu mimes une action, tes camarades aussi.

C. Les camarades qui vous regardent doivent décrire vos actions.

Fred est en train de se brosser les dents.

John est en train de chanter.

❷ Observe et parle.

Nomme ce que tu vois sur l'affiche.
- Je vois des macarons, des cartes…

On aime beaucoup de choses !!

❸ Écoute et réponds.

A. Qui aime quoi ?

HECTOR   EMMA   GABRIEL

B. Et toi ? Qu'est-ce que tu aimes faire et qu'est-ce que tu n'aimes pas faire ? • J'aime jouer de la musique…

UNITÉ 1
PROTÉGEONS LA PLANÈTE !

1 Observe et réponds.

Sur quelle ile sont les Cousteau ?

2 Observe et trouve.

Trouve sur le carnet les 6 mots de la grille.
Remplis-la et découvre la capitale de l'ile.

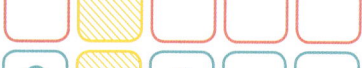

P									
	C	Q			L		G	S	
J									
D			A		C				
			C	H		S			
P		G							

3 Observe et parle.

Regarde bien le carnet. Ferme ton livre.
Dis le plus possible d'éléments.
- Bateau, soleil…

4 Sur la carte du monde p. 126,
cherche et montre le symbole de l'ile.

PROTÉGEONS LA PLANÈTE

VENEZ NETTOYER LA PLAGE !

Ne ramassez pas les coquillages.
Ramassez tous les déchets
avec nous !

Rendez-vous sur la plage
dimanche 3 décembre à 9h.

GRETA
THUNBERG

MANIFESTANTE
POUR LA PLANÈTE

TREJK
ÖR
IATET

500ml

Eau de source de
NOUVELLE-
CALÉDONIE

LEÇON 1 ON NETTOIE ?

① Observe, montre et réponds.

Qu'est-ce qu'ils/elles font ?
- Cet homme jette un papier…

jeter un papier  | ramasser les déchets  | nettoyer la plage  | trier les déchets  | manifester  | polluer

② Écoute et parle.

| Marvin | Mila et Iris | Arthur | Maeva |

Dis pourquoi ils/elles sont sur la plage.
- Marvin est sur la plage pour ramasser les déchets.

③ Observe et réponds.

Tu utilises ces objets pour faire quoi ? • J'utilise un journal pour lire.

un journal  | une poubelle  | une éponge  | un verre  | une armoire  | une fourchette

18 dix-huit

4 Lis, associe et parle.

• La pancarte d'Emma, c'est : Protégeons la planète !

A. Trions les déchets !
B. Arrêtons d'acheter des bouteilles en plastique !
C. En ville, roulons à vélo, pas en voiture !
D. Protégeons la planète !
E. Éteignons les lumières quand nous sortons d'une pièce !

MANIFESTONS POUR L'ÉCOLE

A. En petits groupes, réfléchissez à des améliorations pour l'école. Vous pouvez être drôles ou sérieux/euses.
B. Sur du carton ou du papier, fabriquez une pancarte avec votre slogan.
C. Faites une petite manifestation dans la classe avec vos camarades.

LEÇON 2 — ON NE PREND JAMAIS DE SACS JETABLES ?

1. Lis et réponds.

Quel est ton superhéros écolo préféré ? Pourquoi ?

- Mon préféré, c'est Gabriel parce qu'il trie tous les déchets...

SAM, STOP-PLASTIKO
Je ne bois jamais avec des pailles en plastique. Mon astuce de superhéros : je bois toujours avec une paille en bambou.

EMMA, MINI-CONSO
Je ne laisse jamais les lumières allumées quand je sors d'une pièce et j'éteins toujours la télévision quand je ne la regarde pas.

NOUS SOMMES DES SUPERHÉROS ÉCOLOS !

GABRIEL, RECYCLO
Je ne jette rien par terre et je jette tous les déchets dans une poubelle de tri.

HECTOR, SAKADO
Pour faire les courses, je ne prends jamais de sacs jetables. Mon truc : je prends toujours un sac à dos.

2. Écoute, associe et dis.

Qu'est-ce qu'ils/elles font ?

- Le dialogue 1, c'est Mini-Conso, elle ferme toujours le robinet quand elle se brosse les dents.

| des feuilles pour dessiner | le gouter | une gourde | le robinet |

❸ Lis et réponds.

Les superhéros écolos te lancent un défi.
Quelle est l'action qui te donne le plus de points ?
Quelle est l'action qui te donne le moins de points ?

7 JOURS POUR PROTÉGER LA PLANÈTE !

- Quand tu jettes des déchets, trie dans 3 poubelles. **+5 POINTS**
- Si tu vas faire les courses, utilise un sac à dos et non pas un sac jetable. **+2 POINTS**
- Si tu dois nettoyer, utilise une éponge et pas des serviettes jetables. **+2 POINTS**
- Quand tu te brosses les dents, ferme le robinet. **+3 POINTS**
- Quand tu sors de chez toi, éteins la lumière. **+1 POINT**
- Si tu veux boire de l'eau, utilise une gourde et non pas une bouteille en plastique. **+2 POINTS**

❹ Complète la fiche et parle.

À la maison ou à l'école, fais les actions du défi pendant 7 jours et compte tes points.
- Combien tu as de points ?
- J'ai 60 points !

❺ ÉCOUTE ET CHANTE ▶ La planète, c'est nous.

JOUE — CONSEILS EN FOLIE

- Si tu as chaud...
- Enlève ton pull !
- Ouvre la fenêtre !

A. Jouez à 4. Distribuez 5 cartes par élève.
B. Un/e élève tire 1 carte « si/quand » et chaque élève pose 1 carte « conseil » sur la table.
C. Celui/Celle qui a le meilleur conseil gagne 1 point.
D. Quand il n'y a plus de cartes, l'élève qui a le plus de points gagne la partie.

vingt-et-un

LEÇON 3 QUI EST GRETA THUNBERG ?

COURAGEUSE

INTELLIGENTE

SUÉDOISE

LE PORTRAIT DE GRETA

Bienvenue sur Terre !

① Observe, écoute et réponds.

A. Qui est Greta Thunberg ?
  • C'est une fille que Gabriel admire beaucoup.

B. Pourquoi Gabriel l'admire ?

C. Qu'est-ce qu'elle fait ?

D. Comment elle voyage ?

22 vingt-deux

❷ Lis et parle.

- Angèle, c'est une fille qu'Emma admire.
  C'est une fille qui chante très bien.

J'admire Angèle. Elle chante très bien.

J'adore Harry Potter. Il fait de la magie.

J'admire Batman. Il sauve des gens.

J'aime beaucoup Amandine Henry. Elle joue super bien au foot.

❸ Dessine et parle.

Fais le portrait d'un personnage qui t'inspire et explique pourquoi tu l'admires.

- Schrek, c'est un héros que j'aime beaucoup parce qu'il est drôle.

JOUE — C'EST QUOI ? C'EST QUI ?

A. Vous écrivez des noms de choses ou de personnes sur des papiers.

B. Les papiers sont mélangés dans un sac.

C. Un/e élève pioche un papier et explique.

D. Celui/Celle qui devine gagne 1 point.

C'est une chose que je mets sur ma tête.

Un chapeau !

VIDÉO

« Poseidon attacks litterbug »

vingt-trois 23

CAP SUR LA LANGUE

Protégeons la planète !

Roul**ons** à vélo !

Protég**eons** la planète !

Éteign**ons** la lumière !

Non ! On ne jette rien !

❌
- On **ne** jette **rien** sur la plage.
- On **ne** laisse **jamais** la lumière allumée.

✅
- On jette **tous** les déchets dans une poubelle.
- On éteint **toujours** la lumière.

Des petits conseils...

Quand tu sors d'une pièce, **éteins** la lumière.

Si tu fais des courses, **prends** un sac à dos.

C'est... que, c'est... qui

J'admire cette fille. → **C'est** une fille **que** Gabriel admire.

Cette fille agit pour l'environnement.  → **C'est** une fille **qui** agit pour l'environnement.

24 vingt-quatre

Des lettres et des sons

1 Écoute et montre.

A | B | C | D

2 Écoute, répète et montre.

COURA**G**EUSE   ÉPON**GE**   **J**'ADMIRE
JETER   INTELLI**G**ENTE

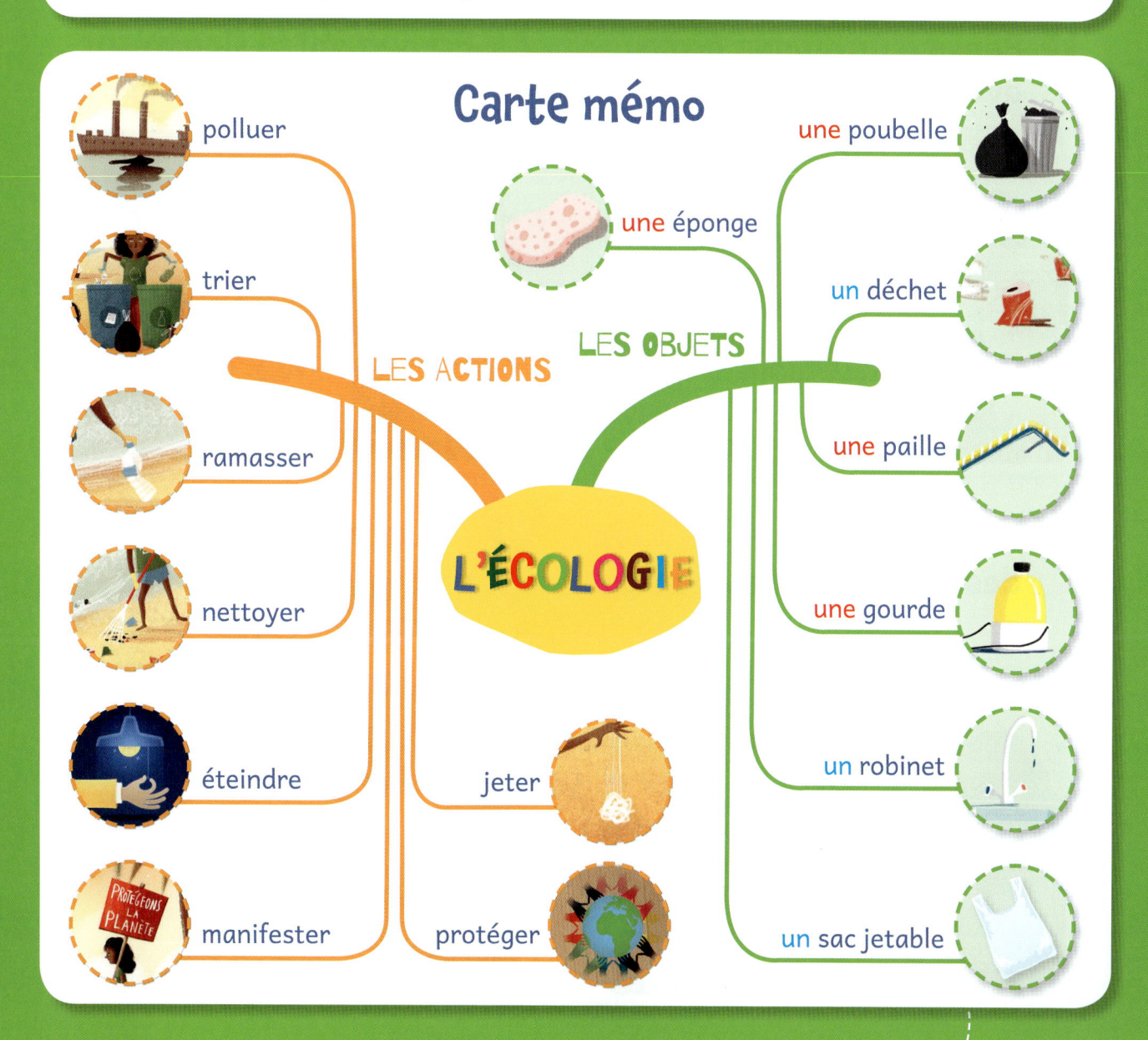

Carte mémo

LES ACTIONS
- polluer
- trier
- ramasser
- nettoyer
- éteindre
- manifester
- jeter
- protéger

L'ÉCOLOGIE

LES OBJETS
- une éponge
- une poubelle
- un déchet
- une paille
- une gourde
- un robinet
- un sac jetable

vingt-cinq 25

1 MISSION BRICOLO

NOTRE AFFICHE ÉCOLO

Voici notre affiche écolo. Notre slogan est « Faisons notre part ».

MATÉRIEL
- une grande feuille
- des feuilles de couleur
- de la colle, des ciseaux
- des crayons, des feutres
- des magazines

❶ Pense à un slogan écolo avec tes camarades.

❷ Écrivez votre slogan sur une feuille de couleur.

❸ Décorez votre affiche avec des dessins ou des photos.

❹ Présentez votre affiche au reste de la classe. Affichez-la dans la classe.

26 vingt-six

MISSION DÉCOUVERTE
L'ÉCOLOGIE ET LES JEUNES

1 **Lis et réponds.**

Quelle est l'initiative qui…

| est économique ? | réduit les déchets ? | lutte contre les sacs jetables ? |

LES JEUNES ÉCOLOS

AU REVOIR, LES DÉCHETS PLASTIQUES !

En Indonésie, Isabel et Melati agissent pour la planète. Les deux sœurs ont créé une association qui s'appelle Bye Bye Plastic Bags. Elles font des choses simples comme ramasser les sacs jetables sur la plage avec leurs amis. D'autres jeunes les rejoignent pour les aider à ramasser les déchets sur les plages. Elles manifestent aussi pour arrêter d'utiliser des sacs en plastique jetables.

LE TOUR DU MONDE ZÉRO DÉCHET

En 2016, quatre jeunes Français partent faire un tour du monde en bateau. Leur bateau, Ekolibri, est équipé de panneaux solaires et d'une éolienne. Leur objectif principal : ne pas produire de déchets. Ils ont même deux poules à bord pour avoir des œufs et parce qu'elles mangent les déchets de légumes ! Leur voyage est terminé, mais ils partagent maintenant leur expérience avec des écoles et réalisent des reportages.

LE FRIGO DU DÉSERT

Au Maroc, une jeune ingénieure crée Fresh'it, le réfrigérateur du désert. Il est fabriqué avec deux pots emboités en argile, l'un contenant du sable et l'autre les aliments. Les produits mis à l'intérieur du Fresh'it peuvent être conservés pendant trois semaines. On n'a pas besoin d'électricité pour garder la nourriture au frais !

2 **Parle.**

Imagine une initiative écologique utile pour ton pays.
- Je propose une voiture qui ne pollue pas…

3 **Dessine et parle.**

Dessine cette initiative et décris-la à tes camarades.

4 **Colle ton dessin ou ta photo dans ton carnet de voyage.**

vingt-sept 27

UNITÉ 2
BONNE ANNÉE !

❶ Cherche et dis.

Pour trouver le surnom de l'ile de la Grande Terre, cherche ce qu'il n'y a pas sur le carnet.
- L'ile de la Grande Terre s'appelle aussi...

Le palmier

La pieuvre

Le caillou

❷ Observe et dis.

Trouve des mots qui commencent par la lettre « p ».
- Il y a un pirate...

❸ Observe et réponds.

Que vont faire les Cousteau pour le Nouvel An ?
- Ils vont faire la fête sur la place des Palmiers....

ON FÊTE LA NOUVELLE ANNÉE !

31 DÉCEMBRE
LA PLACE DES PALMIERS,
NOUMÉA, GRANDE TERRE
À MINUIT : UN GRAND FEU D'ARTIFICE
PRIX : GRATUIT SI VOUS VENEZ DÉGUISÉS

POUR PASSER UNE BONNE ANNÉE, SERVEZ-VOUS !

- DES BISOUS
- DES SURPRISES
- DES BONBONS
- DES AMIS
- DES FÊTES
- DE LA MAGIE
- DES RIRES

vingt-neuf 29

LEÇON 1 — TU FERAS QUOI L'ANNÉE PROCHAINE ?

❶ Lis et réponds.

À qui appartient chaque liste de résolutions ? Pourquoi ?
- La liste bleue, c'est la liste d'Amélie parce que sur la photo elle mange des bonbons et elle dit : « Je mangerai moins de bonbons. »

NOS RÉSOLUTIONS POUR L'ANNÉE PROCHAINE

- ☐ Je ferai moins de blagues.
- ☐ Je boirai moins de sodas.
- ☐ Je ferai moins de bêtises.

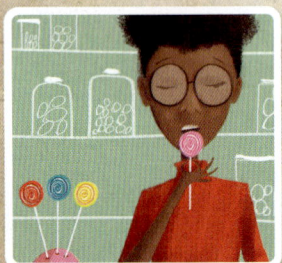

- ☐ J'écrirai plus de lettres à papi et mamie.
- ☐ Je lirai plus de livres et je regarderai moins la télé.
- ☐ J'aiderai plus mes frères à faire leurs devoirs.

- ☐ Je passerai plus de temps avec les enfants et moins de temps à travailler.
- ☐ Je ferai plus de balades et moins de siestes.
- ☐ Je ferai plus de sport et je mangerai moins de bonbons.

❷ Observe et parle.

Imagine les résolutions de ces personnages.
- Papi mangera moins de viande. Il mangera plus de légumes.

| manger de la viande | boire du café | faire des exercices de maths | faire des gâteaux |

JOUE — LE CHAPEAU DES RÉSOLUTIONS

A. Écris ta résolution sur un papier.
B. Mets tous les papiers de la classe dans un chapeau, et mélange-les.
C. Pioche un papier et devine à qui est cette résolution.
D. Si tu trouves, tu gagnes 1 point, sinon tu remets le papier dans le chapeau.

« Je mangerai moins de chocolat. » Je pense que c'est Yoko, parce qu'elle adore le chocolat !

Oui, c'est moi !

3 Observe et réponds.

A. C'est un concours. Qu'est-ce qu'il faut faire pour gagner ?
B. Ça se passe où ?
C. Qu'est-ce qu'on peut gagner ?
D. Imagine que tu gagnes ce concours. Dessine et raconte ce que tu feras à Tokyo.
• À Tokyo, je visiterai…

4 Parle.

Comment tu imagines ton pays ou ta région dans le futur ?
• On utilisera moins de voitures…

LEÇON 2 — ON DANSERA À LA FÊTE ?

1. Observe et parle.

Dis ce que tu vois.
- Je vois Hector qui danse…

CETTE ANNÉE — L'ANNÉE PROCHAINE

- offrir des cadeaux
- s'amuser
- décorer la maison
- faire des blagues
- voir un feu d'artifice
- souhaiter la bonne année (Bonne année !)

2. Écoute et réponds.

Il/Elle préfère le Nouvel An en Nouvelle-Calédonie ou en France ? Pourquoi ? Aide-toi des étiquettes.
- 1. Gabriel préfère le Nouvel An en Nouvelle-Calédonie parce que l'année prochaine, il sera triste. Il ne s'amusera pas.

3. Observe et parle.

Trouve d'autres différences entre la fête de cette année et celle de l'année prochaine. Aide-toi des étiquettes.
- Cette année, il fait chaud. L'année prochaine, il fera froid.

4 Observe et parle.

A. Choisis une fête et explique ton choix à tes camarades.
- Moi, j'irai à la fête d'Halloween parce qu'on se déguisera...

Grande fête d'Halloween
Vendredi 31 octobre à 18h
Déguisements et bonbons

SUPER FÊTE EN PYJAMA !
SAMEDI | 14 DÉCEMBRE | 19H
N'oublie pas ton pyjama !
Films et popcorn !
Miam-miam !

JOURNÉE PIRATES
MERCREDI 19 JUIN À 19H
Jeux et grande chasse au trésor

B. Crée une affiche et explique à tes camarades ce que vous ferez.
- Venez à ma fête d'anniversaire, on jouera au football !

JOUE : LE/LA VOYANT/E

- Tu auras les cheveux verts et tu feras de la musique.
- Tu iras sous la mer et tu verras des baleines.
- Tu feras le tour du monde et tu auras une maison dans chaque pays.
- Moi, je préfère ça... J'adore les baleines !

A. Tu vas voir 3 voyants/es.
B. Chacun/e tire une carte pour prédire ton avenir.
C. Tu choisis l'avenir que tu préfères et le/la voyant/e gagne 1 point.

VIDÉO

Pelico est sur le départ !

LEÇON 3 VOUS VOUS AIMEZ ?

LA RENCONTRE DE GASTON ET GINETTE

❶ Observe et parle.

Imagine ce que disent ou pensent les oiseaux.
- Sur l'image 1, Gaston pense : « Oh... elle est jolie ! »

❷ Écoute, associe et parle.

Trouve la bonne image et dis ce que font Gaston et sa copine.
- Sur la première image, ils se regardent.

| ils se tiennent les ailes | ils s'offrent des fleurs | ils se font des câlins |

| ils se chantent des chansons | ils se regardent | ils s'aiment |

34 trente-quatre

2

JOUE — DÉ-DESSINÉ

A. Lance le dé, pioche une carte et dessine.
B. Le/La premier/ère qui trouve la phrase gagne.

Nous nous offrons des fleurs.

3 Observe, écoute et réponds.

A. C'est quand ? • L'image 1, c'est la semaine prochaine.

① ② ③ ④ ⑤

B. Il se passera quoi ? • Gaston restera en Nouvelle-Calédonie.

la semaine prochaine   quand Gaston sera vieux

l'année prochaine   en 2030   dans un an

4 Dessine et parle.

Et toi ? Comment sera ta vie dans 10 ans ?

5 ÉCOUTE ET CHANTE

Tu nous manqueras très fort, Gaston.

CAP SUR LA LANGUE

On habitera où ? On vivra où ?

HABITER
- J'habiter**ai**
- Tu habiter**as**
- Il/Elle/On habiter**a**
- Nous habiter**ons**
- Vous habiter**ez**
- Ils/Elles habiter**ont**

VIVRE
- Je vivr**ai**
- Tu vivr**as**
- Il/Elle/On vivr**a**
- Nous vivr**ons**
- Vous vivr**ez**
- Ils/Elles vivr**ont**

Gaston habiter**a** en Nouvelle-Calédonie.
Il vivr**a** à côté de la plage.

On fera la fête !

On ir**a** sur la place du village.
On verr**a** nos amis.
On ser**a** content/e/s.
On aur**a** des cadeaux.
On viendr**a** à pied.
On fer**a** des gâteaux.

Plus ou moins de sport ?

Je ferai **plus de** sport et **moins de** siestes.

Je mangerai **plus de** fruits et **moins de** glaces.

36 trente-six

Des lettres et des sons

1 Écoute et montre.

Sur une feuille, écris un grand **G** d'un côté et un **J** de l'autre côté.
Écoute, répète et montre le son que tu entends.

G J

2 Écoute, montre et lis.

G	J
un **g**orille / un dra**g**on / ri**g**olo	un pi**g**eon / la nei**g**e / **g**énial / **g**entil
Gabriel / un **g**âteau / la **g**are	une **g**irafe / **G**inette / ma**g**ique
un dé**gu**isement / une **gu**itare / une bla**gu**e	

Carte mémo

L'AMOUR ET L'AMITIÉ

- s'aimer
- se regarder
- s'offrir des cadeaux
- se raconter des secrets
- se tenir la main
- se téléphoner
- s'embrasser
- se faire des câlins
- se faire des blagues

trente-sept 37

2 MISSION BRICOLO

NOTRE ROMAN-PHOTO

MATÉRIEL
- un appareil photo
- une feuille blanche cartonnée
- des feutres, de la colle, des ciseaux
- des yeux autocollants, des rubans...
- deux objets/personnages

Monsieur Pince à linge et madame Feutre se rencontrent dans la rue...

❶ Choisissez deux objets qui seront les personnages. Décorez-les et habillez-les.

❷ Imaginez le scénario de votre roman-photo et prenez des photos.

❸ Imprimez et collez les photos sur une feuille blanche cartonnée.

❹ Écrivez des dialogues dans des bulles et collez-les sur vos photos. Racontez votre histoire à la classe.

38 trente-huit

MISSION DÉCOUVERTE

LES FÊTES DANS LE MONDE

❶ Lis et réponds.

Dans quelles fêtes…

| on s'offre des cadeaux ? | on se déguise ? | on voit un feu d'artifice ? | on se jette quelque chose ? |

IL Y A DES FÊTES PARTOUT DANS LE MONDE

LE CARNAVAL

Il y a beaucoup de carnavals dans le monde : partout on se déguise et on fait la fête ! Le carnaval de Rio, au Brésil, est le plus connu du monde. Il y a des danseurs et de la musique. À Venise, en Italie, les costumes et les masques sont magnifiques.

LA FÊTE DES AMOUREUX/EUSES

En France, c'est le 14 février mais dans certains pays c'est à une autre date. Les amoureux/euses s'embrassent et se font des cadeaux : ils s'offrent du chocolat, des fleurs, etc. Ils vont au restaurant ou au cinéma.
Dans certains pays, la fête des amoureux/euses est aussi la fête de l'amitié : on peut faire un cadeau ou écrire une carte à ses amis/es.

LE NOUVEL AN

Dans beaucoup de pays, on fête la fin de l'année le 31 décembre et le début de la nouvelle année le 1er janvier. Mais il y a des pays où on fête le Nouvel An à une autre date comme en Chine, en Iran ou en Thaïlande. On peut voir des feux d'artifice, s'offrir des cadeaux, se déguiser et s'embrasser à minuit. Souvent, au Nouvel An, on prend de bonnes résolutions pour l'année qui arrive.

DE DRÔLES DE DISPUTES

Parfois, une fête transforme une ville en un véritable champ de bataille : en Italie à Ivrée on se jette des oranges, à Buñol en Espagne on se jette des tomates et en Inde, pour Holi, tout le monde se jette au visage des pigments de couleur. Il y a beaucoup de rouge : la couleur de l'amour.

❷ Réponds.

Quelle est la fête de ton pays que tu préfères ? Pourquoi ?

❸ Trouve une photo ou dessine cette fête. Écris dans ton carnet ce que tu fais à cette fête. Montre la photo ou le dessin à tes camarades et explique.

- À Gérone, en Espagne, il y a la Fête des fleurs au mois de mai. Toute la ville est décorée. On fait de l'art avec les fleurs…

trente-neuf 39

UNITÉ 3
ON RENTRE EN EUROPE !

1 Cherche et réponds.

Où est-ce que les Cousteau vont atterrir ?

2 18 21 24 5 12 12 5 19
5 14
2 5 12 7 9 17 21 5

CODE SECRET

1 = A | 2 = B | 3 = C | ...

2 Observe et réponds.

Qu'est-ce que les Cousteau feront pendant la nouvelle étape de leur voyage ? Observe le carnet et fais des hypothèses.

- Hector et Gabriel visiteront le musée de la BD...

3 Sur la carte du monde p. 126, cherche et montre le symbole de la Belgique, le pays et le continent.

GÉNIAL !

MUSÉE BD

VISITE DU MUSÉE DE LA BD

MON ŒUVRE PRÉFÉRÉE DE LA VISITE DU STREET ART

CARTE D'EMBARQUEMENT
COUSTEAU EMMA

VOTRE DESTINATION
COUSTEAU EMMA

Aircalinou

DÉPART : 21 FÉVRIER 10 h 30
ARRIVÉE : 22 FÉVRIER 11 h 30

NOU ✈ BRU

VOTRE DESTINATION

SIÈGE : 34-J

NOU ✈ BRU

DÉPART : 21 FÉVRIER 10 h 30
ARRIVÉE : 22 FÉVRIER 11 h 30

SIÈGE : 34-J

JOUEZ

et gagnez
2 places
pour visiter
L'ATOMIUM

LE SYMBOLE DE LA CAPITALE BELGE
ATOMIUM

Nom
Prénom
Adresse mail

quarante-et-un 41

LEÇON 1 — QU'EST-CE QUE TU AS ÉCRIT ?

1 Lis, observe et réponds.

A. À ton avis, qui écrit ?

MON TOP 5 DU VOYAGE

🙂 MES MOMENTS PRÉFÉRÉS

- Au Canada, en janvier, j'ai fait du ski : j'ai adoré !
- En Guadeloupe, l'année passée, nous avons organisé un piquenique avec les cousins sur la plage.
- Au Rwanda, nous avons observé des gorilles dans le parc naturel.
- Au Vietnam, Gabi, Mai et moi avons préparé des crêpes. Trop bon !
- À Hanoï, on a vu un merveilleux spectacle de marionnettes, j'ai bien aimé !

☹ MES MOMENTS DIFFICILES

- La semaine passée, on a pris le bateau et j'ai été malade.
- Au Sénégal, j'ai trouvé une grosse araignée dans ma chaussure. J'ai eu trop peur !
- Au marché de Tambacounda, mon père a acheté du poisson mais moi, je déteste ça ! J'ai gouté mais… beuuuurk !
- À l'auberge de jeunesse, maman a perdu son sac avec nos passeports.
- Hier, on a dit au revoir à Gaston… Trop triste !

B. Les Cousteau ont fait quelles activités ? C'était bien ou pas bien ?

- Ils ont observé des gorilles au Rwanda. C'était bien ! C'est l'image A.

42 quarante-deux

2 Écoute, associe et réponds.

A. À qui est ce bon moment ?

B. Décris le bon moment de chaque personne.

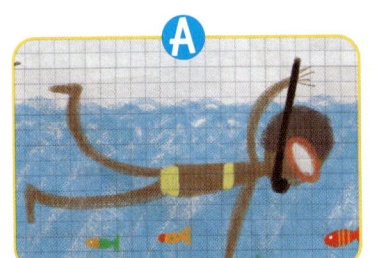

JOUE — LE LOTO DU PASSÉ

A. Observe les mots de ta grille.

B. L'enseignant/e pioche une carte et la lit.

C. Quand tu entends ce que dit ton enseignant/e, coche le mot correspondant sur ta grille.

D. Celui/Celle qui complète sa grille en premier gagne la partie.

J'AI PRIS

PRÉPARER OBSERVER MANGER
PRENDRE   FAIRE   INVITER

3 Parle.

Pose des questions à ton/ta camarade. Il/Elle te répond.

• Qu'est-ce que tu as fait le weekend dernier ?
◦ J'ai joué au foot avec ma cousine.

Qu'est-ce que tu as fait...

- le weekend dernier ?
- le jour de ton anniversaire ?
- pendant les vacances ?
- hier ?
- ce matin ?
- la semaine passée ?

quarante-trois 43

LEÇON 2 — POURQUOI TU N'AS PAS AIMÉ ?

DÉCOUVREZ LES ŒUVRES DE STREET ART DANS LA CAPITALE BELGE !

1 Lis, associe et réponds.

A. De quelle œuvre parlent les Cousteau ?
B. Qu'est-ce qu'ils pensent de l'œuvre ?

- Nicolas parle de la photo des arbres, il pense que c'est original…

> J'ai bien aimé l'idée de cette œuvre : des écharpes pour les arbres, c'est original ! Je trouve aussi que c'est joli !

> J'ai adoré cette œuvre parce que je connais ce personnage de BD, c'est « Le Chat ». Je trouve ce dessin comique !

> Je n'ai pas aimé cette œuvre, parce que je ne comprends pas le dessin. Je pense que c'est bizarre.

> J'ai détesté les panneaux de signalisation transformés : je trouve que c'est laid !

2 Observe et parle avec tes camarades.

Observe les 4 œuvres de la fiche ressource. Qu'est-ce que tu penses de ces œuvres ? Dis si tu aimes ou non, et pourquoi.

- J'aime bien l'œuvre n° 4. Je trouve que c'est original, le ciel dans le visage d'un enfant.

3 Écoute, lis et réponds.

Qu'est-ce qu'Hector coche dans le sondage sur le musée de la BD ?

- 1. Hector coche « Je n'ai pas aimé ».

SONDAGE SUR LE MUSÉE DE LA BD

Nom : Hector Cousteau   Âge : 8 ans
Nationalité : française

1. Mon avis sur le musée :
   - ☐ J'ai aimé.
   - ☐ J'ai adoré.
   - ☒ Je n'ai pas aimé.

2. Le temps pour faire la visite :
   - ☐ J'ai eu le temps de tout visiter.
   - ☐ Je n'ai pas eu le temps, car le musée est grand.
   - ☐ J'ai vu tout le musée, mais je n'ai pas lu toutes les BD.

4 Observe, lis et réponds.

Gabi a acheté cette BD. Observe la couverture et réponds aux questions.

A. Tu as déjà lu une BD du « Chat » ? Une autre BD ?
   - Non, je n'ai pas lu de BD du « Chat » mais j'ai lu « Astérix et Obélix »...

B. Quel est le titre de cette BD du « Chat » ?

C. Décris le dessin. Comment est le Chat ? Qu'est-ce qu'il porte ?

D. Tu as compris la blague du Chat ? Tu as aimé ?

5 Parle.

Apporte une BD en classe. Explique à tes camarades pourquoi tu l'as aimée ou non.

- J'ai bien aimé « Les 12 Travaux d'Astérix » parce que c'est génial. Astérix est fort et courageux, et Obélix est comique !

LEÇON 3 — PLUS GRANDE MAIS MOINS CALME ?

calme — bruyant/e  — sale — propre

sain/e — pollué/e  — stressant/e — relaxant/e

❶ Observe, associe et réponds.

Chez les Cousteau, c'est comment ? Et chez Mai ?
- Chez les Cousteau, c'est bruyant, mais chez Mai, c'est calme…

❷ Écoute et parle.

Mai et les Cousteau comparent la campagne et la ville. Qu'est-ce qu'ils disent ?
- En ville, l'air est plus pollué…

❸ Dessine et parle.

Avec ton/ta camarade, faites un dessin de votre ville/village. Observez les images de l'activité 1 et comparez votre dessin avec la ville de Bruxelles.
- Notre ville, Rio de Janeiro, est plus verte que la ville de Bruxelles, et il y a des montagnes.

4 Observe et parle.

Compare Gaston, le pigeon des Cousteau, et Sid, le buffle de Mai.
- Gaston est plus petit que Sid.

| petit | triste | grand | fatigué | beau |
| mince | gros | drôle | content | coloré |

LES COMPARAISONS ÉCLAIR

JOUE

A. Piochez une carte.

B. Le/La premier/ère qui dit une comparaison correcte gagne la carte.

C. Le/La camarade qui a le plus de cartes gagne.

La girafe est plus grande que le lion!

Prends la carte.

5 ÉCOUTE ET CHANTE Bruxelles, Paris.

VIDÉO

Tok-Tok : comment colorer le monde ?

CAP SUR LA LANGUE

Hier, qu'est-ce que tu as fait ?

✓ J'ai
Tu **as**
Il/Elle/On **a**   } + mangé
Nous **avons**
Vous **avez**
Ils/Elles **ont**

visit**ER** ⇒ visit**É**
mang**ER** ⇒ mang**É**

prendre ⇒ **pris**
faire ⇒ **fait**
être ⇒ **été**
dire ⇒ **dit**
avoir ⇒ **eu**
voir ⇒ **vu**
perdre ⇒ **perdu**
écrire ⇒ **écrit**

✗ Je **n'ai pas** mangé.

Plus petit que, moins grand que

Gaston est **plus** coloré **que** Sid.
Sid est **moins** content **que** Gaston.

J'ai adoré !

bizarre !
étrange !

laid !
horrible !

génial !
super !
chouette !
cool !

drôle !
comique !
marrant !

Je trouve que c'est…
Je pense que c'est…
Pour moi, c'est…

bof !
comme ci, comme ça !

Des lettres et des sons

1 Écoute, lis et répète.

A. À Bruxelles, il y a **plus** de parcs qu'à Paris, mais à Paris, il y a **plus** d'arbres.

B. Paris est **plus** grande que Bruxelles.

2 Lis.

A. Tu es **plus** petite que Marie.

B. Il mange **plus** de légumes que son frère.

C. La gazelle est **plus** rapide que la tortue.

D. Tu veux **plus** de carottes ou **plus** de brocolis ?

Carte mémo

À LA CAMPAGNE, EN VILLE

LA RUE EST...
- propre
- sale

C'EST...
- calme
- bruyant/e

LA VIE EST...
- relaxant/e
- stressant/e

L'AIR EST...
- sain/e
- pollué/e

3 MISSION BRICOLO

MOI, JE SUIS SUPER...

MATÉRIEL
- une pochette cartonnée
- une photo de toi
- des magazines
- des crayons de couleurs et des feutres
- des ciseaux, de la colle
- la fiche ressource

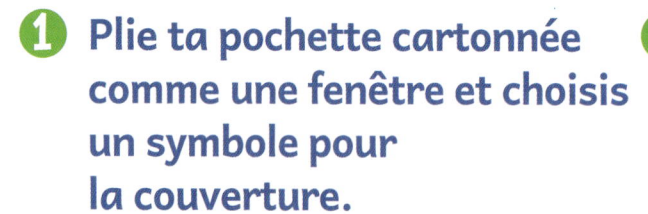

Je suis plus rapide que le TGV.

❶ **Plie ta pochette cartonnée comme une fenêtre et choisis un symbole pour la couverture.**

❷ **Au centre, colle une photo de ton visage et découpe ton corps de superhéros/superhéroïne.**

❸ **Dans les magazines, découpe des images et colle-les autour de ta photo.**

❹ **Écris ton nom et tes super pouvoirs. Présente-toi à la classe.**

50 cinquante

MISSION DÉCOUVERTE

LE STREET ART DANS LE MONDE

3

1) Lis et parle.

Qui pense que l'œuvre est…

| originale ? | fantastique ? | grande ? |

LE STREET ART DANS MA VILLE

MADELINE, FRANCE

« Cette fresque est plus grande que toutes les autres œuvres de street art à Paris. Elle se trouve sur les toits du parc des expositions. J'aime bien la vieille dame calme qui compte les voitures. Mais je pense que cette œuvre n'est pas facile à voir : il faut être un oiseau pour l'observer. »

ALBERTO, ITALIE

« J'habite dans le centre de Turin, en Italie. Un jour, un immeuble de mon quartier a changé : un artiste a posé un piercing sur le mur ! L'immeuble a eu mal : on voit des gouttes de sang bleues et rouges à côté du trou. Je trouve que cette œuvre est originale, j'aime beaucoup ! »

FERNANDO, PORTUGAL

« Mon artiste préféré de street art vient de ma ville : Lisbonne. Il a fait ses premières œuvres avec les déchets se trouvant dans les rues. Je trouve ça extraordinaire, de transformer les déchets en art ! Souvent, il construit de grands animaux ; je trouve que c'est fantastique ! »

2) Dans ta ville, cherche une œuvre de street art et prends une photo.

Parle avec tes camarades.
Colle ta photo dans ton carnet de voyage.

- J'ai photographié cette œuvre dans ma ville, Lisbonne. Je l'aime beaucoup parce que c'est beau et coloré.

UNITÉ 4
UNE JOURNÉE À BRUXELLES

❶ Cherche et réponds.

Qu'est-ce qu'Hector a mangé comme dessert ?
Pour le savoir, écris les mots du menu dans la grille.

• Hector a mangé une...

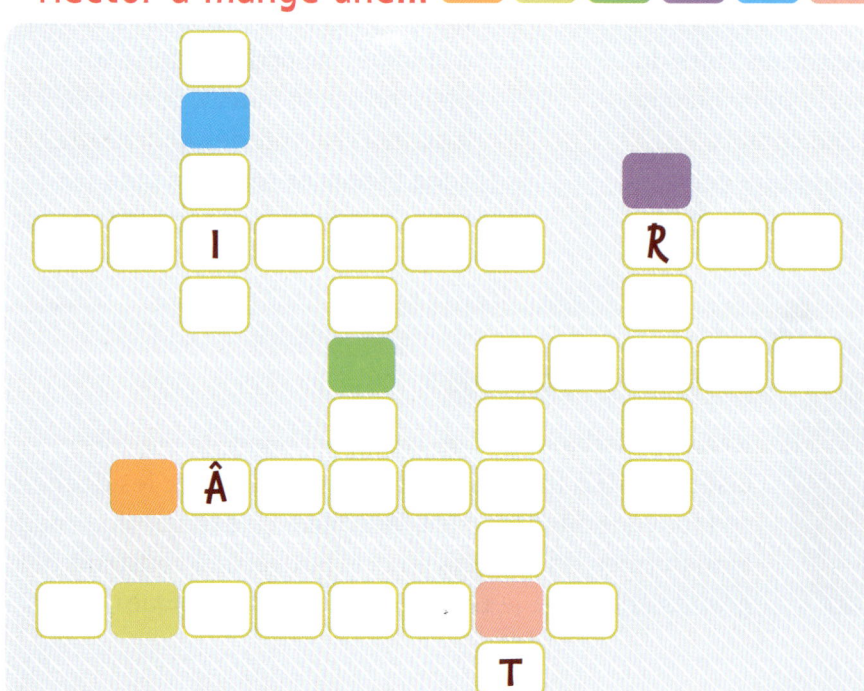

(grille de mots croisés avec les lettres I, R, Â, T)

❷ Observe et trouve.

Il y a 2 photos qui se ressemblent. Trouve 7 différences. • Sur la photo de gauche, il y a...

❸ Observe et parle.

Qu'est-ce que les Cousteau ont aimé à Bruxelles ?
Qu'est-ce qu'ils n'ont pas aimé ?

Menu enfants

Soupe

Poisson ou Poulet
Frites ou Pâtes ou C...
ou Riz

Gâteau ou Fru...

Ou Spécialité b...

8€

Génial !

SUPER

MUSÉE ÉVA COUSTEAU
ENTRÉE : 3€

C'EST TROP BON !

- Aujourd'hui, j'ai mangé une
- Demain, je mangerai encore une

cinquante-trois 53

LEÇON 1 — ILS SONT ALLÉS AU MUSÉE ?

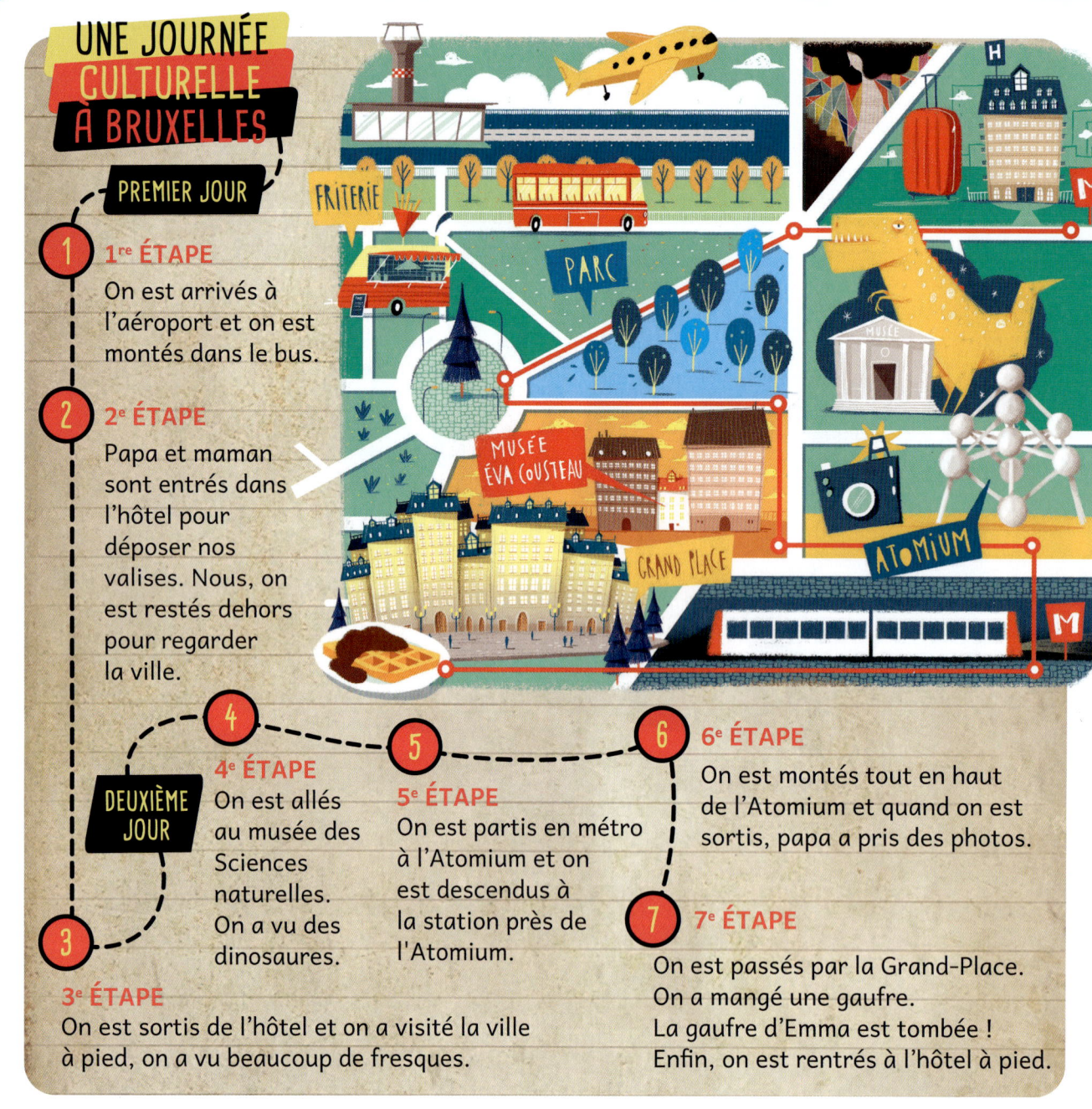

UNE JOURNÉE CULTURELLE À BRUXELLES

PREMIER JOUR

1 — 1re ÉTAPE
On est arrivés à l'aéroport et on est montés dans le bus.

2 — 2e ÉTAPE
Papa et maman sont entrés dans l'hôtel pour déposer nos valises. Nous, on est restés dehors pour regarder la ville.

DEUXIÈME JOUR

3 — 3e ÉTAPE
On est sortis de l'hôtel et on a visité la ville à pied, on a vu beaucoup de fresques.

4 — 4e ÉTAPE
On est allés au musée des Sciences naturelles. On a vu des dinosaures.

5 — 5e ÉTAPE
On est partis en métro à l'Atomium et on est descendus à la station près de l'Atomium.

6 — 6e ÉTAPE
On est montés tout en haut de l'Atomium et quand on est sortis, papa a pris des photos.

7 — 7e ÉTAPE
On est passés par la Grand-Place. On a mangé une gaufre. La gaufre d'Emma est tombée ! Enfin, on est rentrés à l'hôtel à pied.

---

❶ Lis, observe et montre.

Trouve les lieux où les Cousteau sont allés.

❷ Montre et parle.

Montre l'itinéraire avec ton doigt et raconte leur journée.
• D'abord, ils sont arrivés à Bruxelles, ils sont montés dans le bus…

❸ Dessine et parle.

Imagine ta journée à Bruxelles, trace ton itinéraire et explique-le à ton/ta camarade. Il/Elle trace ton itinéraire sur le plan et tu vérifies.
• D'abord, je suis passée par la Grand-Place, puis…

4 Observe, écoute et réponds.

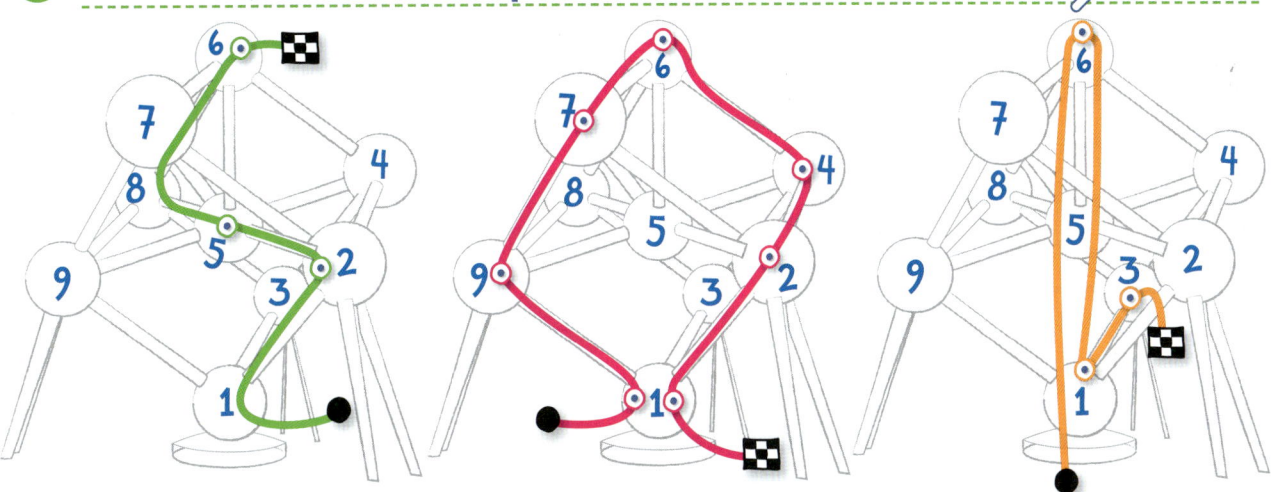

● DÉPART   ⚑ ARRIVÉE

A. Les Cousteau ont visité l'Atomium séparément. Écoute la visite d'Amélie et d'Hector. De quelle couleur est l'itinéraire ?
• La visite d'Amélie, c'est l'itinéraire…

B. La troisième couleur montre la visite de Nicolas. Explique-la.
• Il est entré dans la première boule, puis…

5 Écris, dessine et parle.

Dans ton carnet de voyage, raconte une visite dans ta ville ou dans une autre ville. Dessine les étapes et raconte à la classe.
• On a visité Le Caire. D'abord, on a pris un bus et on est allés aux pyramides…

LE TRI EXPRESS

JOUE

A. Faites des équipes et préparez 2 bols par équipe : un bol « J'ai » et un bol « Je suis ».

On dit « je suis tombé » !

B. Triez vos étiquettes le plus vite possible dans les 2 bols.

C. La première équipe qui a trié toutes les étiquettes crie « On a fini ».

D. Le jeu s'arrête. L'enseignant/e vérifie.

E. Si le tri est bon, l'équipe a gagné, sinon le jeu continue.

cinquante-cinq 55

LEÇON 2 — ELLE N'EST PAS PARTIE ?

1921 1931 1951 1956 1980

❶ Observe et parle.

Les Cousteau visitent le musée de la grand-mère de Nicolas : Éva Cousteau. Observe les photos et imagine sa vie.
- En 1921, Éva est un bébé. Je pense qu'elle habite dans une petite maison…

❷ Lis, associe et réponds.

Trouve la bonne photo. C'est en quelle année ?
- La bulle bleue, c'est la photo de…

Elle a voyagé dans le monde entier. Elle est allée en Afrique comme nous !

Elle est née à la campagne près de Bruxelles.

Elle a inventé plein de choses. Et même un vélo à moteur !

Ici, c'est Éva quand elle est vieille. Et le bébé, c'est toi, Nicolas chéri ? Tu es trop mignon !

Elle a grandi dans la nature avec des animaux.

56 cinquante-six

4

LA VIE D'ÉVA COUSTEAU

Sa vie en bref
- Elle est née en 1921.
- Elle a rencontré son mari, un Français, en 1952.
- Elle a eu 2 enfants et 5 petits-enfants.
- Elle est morte en 2001.

Éva : une aventurière
- À 10 ans, elle est allée jusqu'à la mer à vélo. 
- À 20 ans, elle a fait le tour de la Belgique en patins à roulettes.
- À 30 ans, avec une amie, elles ont voyagé en Afrique en montgolfière. Elles sont tombées dans un lac, alors elles sont rentrées en Belgique en avion.
- À 40 ans, elle est devenue la 1re femme à faire le tour du monde en montgolfière.

Éva : une inventrice
- Éva a construit beaucoup d'objets utiles ou drôles.
- À 35 ans, elle a inventé un vélo à moteur !

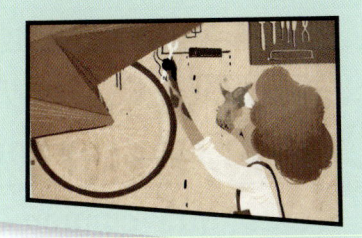

3 Lis et réponds.

A. Éva est née en 1950 ?
- Non, elle n'est pas née en 1950. Elle est née en…

B. À 10 ans, Éva est allée à Bruxelles à vélo ?

C. Éva et son amie sont tombées dans une rivière ?

D. À 40 ans, Éva est devenue présidente de la Belgique ?

4 ÉCOUTE ET CHANTE
Eva Cousteau, la grande aventurière.

JOUE — LE NI OUI NI NON

A. Pose des questions à ton/ta camarade.

B. Il/Elle ne doit pas répondre par « oui » ou par « non ».

Ce matin, tu as mangé du pain ?
J'ai mangé du pain.
Tu es venue à l'école en montgolfière ?
Non !
Tu as dit « non ». Tu as perdu !

cinquante-sept 57

LEÇON 3 — TU MANGES SOUVENT DES FRITES ?

① Observe et parle.

Les Cousteau sortent du musée. Ils ont très faim. Dis ce qu'ils veulent manger. • Je pense qu'Amélie veut manger des bonbons…

② Écoute et réponds.

C'est quel camion ? Comment est la nourriture ?
• 1. C'est le camion jaune. La nourriture est grasse…

| bon/ne pour la santé | mauvais/e pour la santé | salé/e | sucré/e | gras/se | léger/ère |

LA BATAILLE SUCRÉE-SALÉE

A. Faites des groupes de 2 à 4 et distribuez toutes les cartes.

B. Jouez à la bataille : chacun/e pose une carte et la carte la plus haute gagne le tas.

C. À la fin de la partie, comptez les points. Attention : les cartes « c'est mauvais pour la santé » ne donnent pas de points.

D. Celui/Celle qui a le plus de points gagne.

Voilà mes points : 6 + 10 + 4 + 1. J'ai 21 points.

Non, la carte soda ne compte pas : le soda ce n'est pas bon pour la santé. C'est trop sucré !

3 Parle.

Regarde la fiche. Tu manges souvent de ces aliments ?

jamais	rarement	parfois	souvent
✗	1 ou 2 fois par mois	1 ou 2 fois par semaine	tous les jours 2 ou 3 fois par jour

- Je mange souvent des fruits : il y a des fruits tous les jours à la cantine…

4 Observe, lis et réponds.

POUR ÊTRE EN BONNE SANTÉ

FRUITS ET LÉGUMES	CÉRÉALES ET FÉCULENTS	PRODUITS LAITIERS	VIANDE, POISSON, ŒUFS	PRODUITS GRAS, SUCRÉS OU SALÉS
5 FOIS PAR JOUR	À CHAQUE REPAS	3 FOIS PAR JOUR	1 FOIS PAR JOUR	
BEAUCOUP			UN PEU	TRÈS PEU

EAU : AUTANT QUE TU VEUX

A. C'est vrai ou c'est faux ?
- Il faut souvent manger des aliments gras. • C'est faux, il faut manger très peu d'aliments gras.
- Il faut souvent boire de l'eau.
- Il ne faut jamais manger de viande.
- Il faut manger un peu de produits laitiers.

B. Trouve sur le document d'autres conseils pour être en bonne santé.

VIDÉO

Pourquoi doit-on faire attention à ce qu'on mange ?

CAP SUR LA LANGUE

La première ou la dernière ?

METRO — la 1re station (première) — la 2e station (deuxième) — la 3e station (troisième) — la 4e station (quatrième) — la dernière station

Il est parti / Elle est partie

✅
- Je **suis** parti/e
- Tu **es** parti/e
- Il/Elle **est** parti/e
- On **est** parti/e/s
- Nous **sommes** partis/es
- Vous **êtes** partis/es
- Ils/Elles **sont** partis/es

❌ Je **ne** suis **pas** parti/e

Je suis parti

Je suis partie

On est partis

Tu voyages souvent ?

septembre, mars, janvier, juillet, décembre — **souvent**

septembre, janvier, décembre — **parfois**

janvier — **rarement**

jamais

Tu manges beaucoup de sucre ?

Il faut manger **beaucoup de** fruits et légumes, **de** produits laitiers et **de** céréales.

Il faut manger **un peu de** viande, **de** poisson et **d'**œufs.

Il faut manger **très peu de** produits gras, sucrés et salés.

BEAUCOUP — TRÈS PEU — UN PEU

60 soixante

Des lettres et des sons

1 Écoute et lis.

1. Une r**u**e / Une r**ou**e
2. Les p**u**lls / Les p**ou**les
3. T**u** vas bien ? / T**ou**t va bien ?

2 Observe, dis et réponds.

Pour chaque image, dis le mot. Tu entends **u** ou **ou** ?

La vie d'Éva Cousteau

- Elle est née
- Elle est allée à la mer
- Elle est rentrée chez elle
- Elle est entrée
- Elle est sortie
- Elle est partie en Afrique
- Elle est montée dans sa mongolfière
- Elle est descendue
- Elle est tombée
- Elle est arrivée à Bruxelles
- Elle est revenue en Belgique
- Elle est passée par Paris
- Elle est restée en Belgique
- Elle est morte

soixante-et-un 61

4 MISSION BRICOLO

NOTRE DESSIN « ANIMÉ »

MATÉRIEL
- des feuilles cartonnées
- des magazines
- des crayons et des feutres
- des ciseaux, du Scotch et de la colle
- un crayon
- la fiche ressource

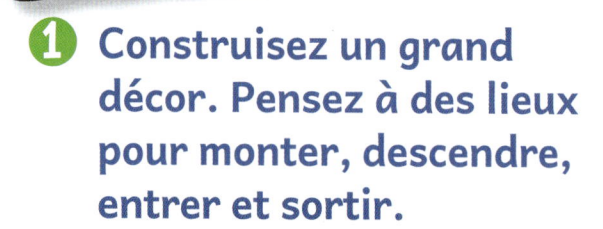

Super-Frite est passée sur un pont très dangereux...

Elle est tombée dans une grotte.

❶ Construisez un grand décor. Pensez à des lieux pour monter, descendre, entrer et sortir.

❷ Choisissez un personnage sur la fiche ressource et découpez-le.

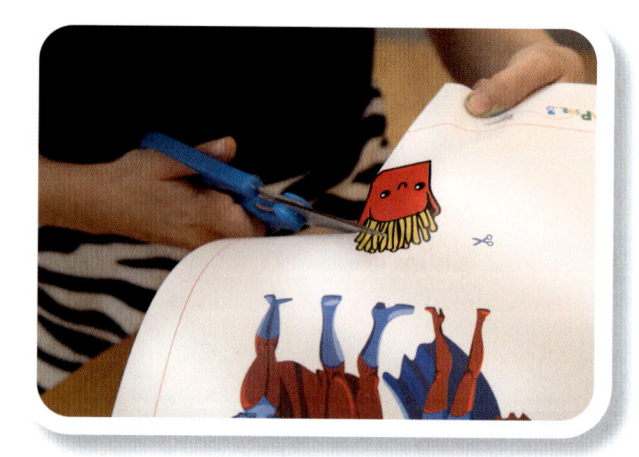

❸ Attachez votre personnage sur un crayon.

❹ Racontez la vie du personnage et bougez-le sur le décor.

62 soixante-deux

MISSION DÉCOUVERTE
DESTINS ET LÉGENDES

4

❶ Lis et réponds.

A. Quels personnages sont réels ? Imaginaires ?

B. Quel personnage tu préfères ? Pourquoi ?

COMMENT NAISSENT LES LÉGENDES ?

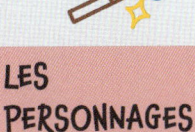

LES PERSONNAGES MAGIQUES

Partout dans le monde, on a imaginé des petits personnages magiques qui vivent dans la nature.
La sirène vit dans la mer et elle a une queue de poisson. Les lutins sont de petits hommes. Ils sont parfois gentils, parfois méchants. Les fées volent avec leurs ailes et les sorcières ont un balai volant. Les génies sortent des lampes et réalisent des vœux !

LES DRÔLES DE LÉGENDES

Parfois un vrai personnage devient une drôle de légende. À Bruxelles, il y a une statue d'un petit garçon qui fait pipi : le Manneken Pis. On raconte qu'il a sauvé Bruxelles d'un incendie. Il est devenu un des symboles de la ville. Dans les pays du Moyen-Orient, un homme qui s'appelle Nasreddin Hoca est devenu un personnage très drôle que tout le monde connait.

LES ANIMAUX LÉGENDAIRES

Le monstre du Loch Ness est un animal imaginaire qui vit dans un lac en Écosse. Beaucoup de touristes veulent le voir mais il n'existe pas. Il y a aussi de vrais animaux qui sont devenus des légendes. Hachiko est un chien qui a attendu son maitre pendant dix ans à une station de métro à Tokyo, au Japon. Il y a maintenant une statue devant cette station. Des livres et des films racontent son histoire.

❷ Réponds.

Quel personnage légendaire de ton pays tu connais ?
Quelle est son histoire ?

❸ Trouve une photo ou dessine ce personnage légendaire. Écris sa vie dans ton carnet de voyage et raconte à tes camarades.

- Robin des bois : c'est un homme qui a peut-être existé. En anglais, il s'appelle Robin Hood. Il vole de l'argent aux riches pour le donner aux pauvres. J'aime cette légende parce que ce personnage protège les gens.

soixante-trois 63

CAP SUR... 4
PAS À PAS

CAHIER D'ACTIVITÉS

UNITÉ 0

1 **Observe** et **réponds.**

A. Pose des questions pour chaque image. Sers-toi des étiquettes.

QUI? QUOI? OÙ? COMMENT? QUAND? QUEL / QUELLE? POURQUOI?

1. Il fait quoi?

B. Montre une image à un/e camarade. Pose-lui une de tes questions. Il/Elle répond.

— Il fait quoi ?
— Il joue au football.

2 **Complète** les mots-croisés.

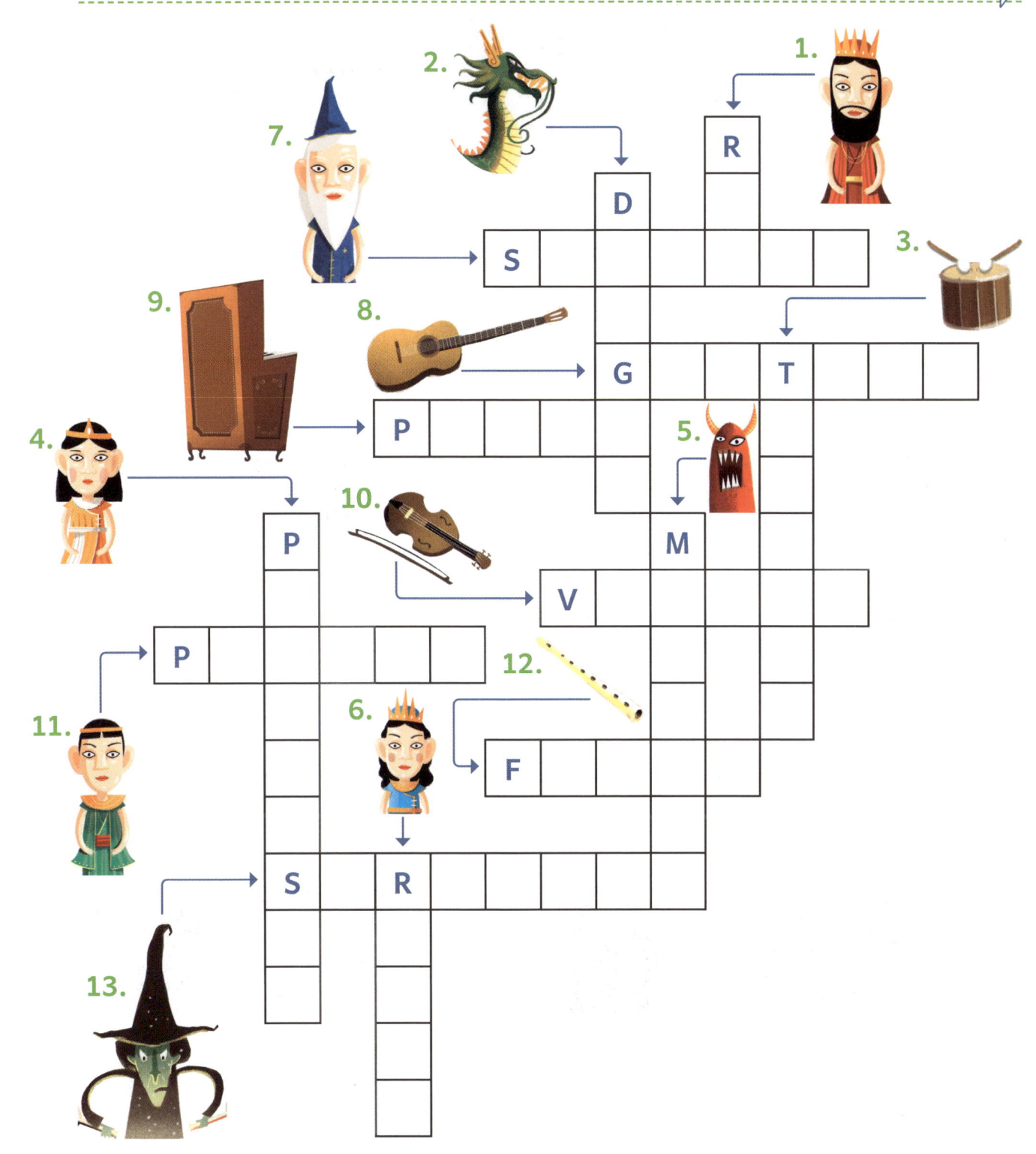

UNITÉ 1

1 **Observe** et **colorie** les phrases qui sont vraies.

A. Marvin nettoie la plage.
B. Iris jette un papier.
C. Maeva manifeste.
D. Mila trie les déchets.
E. Un bateau pollue la mer.
F. Arthur ramasse des coquillages.

2 Qu'est-ce qu'ils/elles font ? **Observe** et **écris** des phrases.

A. Le bateau pollue.

B.

C.

D.

68 soixante-huit

LEÇON 1

3 Tu utilises ces objets pour faire quoi ? **Observe** et **écris**.

A.

J'utilise un crayon pour écrire.

B.

C.

D.

E.

F.

4 **Écoute** et **associe** chaque personnage à sa pancarte.

A. ☐   B.  ☐   C. ☐

1.    2. 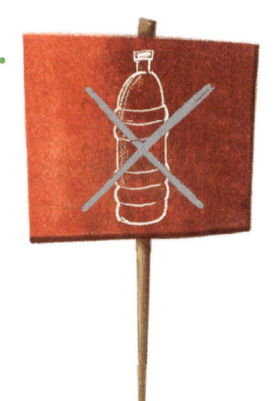   3.

soixante-neuf 69

UNITÉ 1

1 Pour chaque action, **écris** un bon geste et un mauvais geste pour la planète.

| utiliser une paille en bambou pour boire | utiliser une éponge pour nettoyer | fermer le robinet pour se brosser les dents |

| éteindre les lumières avant de sortir de la maison | jeter les papiers sur le sol | utiliser des sacs jetables pour faire les courses |
| | trier les déchets | |

J'utilise toujours une paille en bambou pour boire.

Je n'utilise jamais de paille en bambou pour boire.

2 **Écoute** la chanson, **associe** et **colle** le bon autocollant. **Cherche-le** page A.

1. 
2. 
3. 
4.

A. Si ta confiture est finie, fais le tri.

B. Si tu vas au marché, prends un sac à dos.

C. Si tu as soif, utilise une gourde.

D. Si tu as fini de faire un gâteau, éteins la lumière de la cuisine.

LEÇON 2

3 Et toi, est-ce que tu es un/e superhéros/superhéroïne ?

A. Fais le test pour le savoir.

1. Quand tu te douches…
- ● tu fermes toujours le robinet pour te laver les cheveux.
- ■ tu ne fermes pas le robinet, mais tu restes peu de temps.
- ▲ tu ne fermes jamais le robinet.

2. Quand tu as soif…
- ■ tu utilises un verre en carton.
- ● tu utilises toujours une gourde ou un verre en verre.
- ▲ tu utilises un verre ou une bouteille en plastique.

3. Quand tu fais les courses avec tes parents…
- ▲ vous achetez toujours des sacs en plastique jetables.
- ● vous utilisez toujours des sacs réutilisables.
- ■ vous prenez quelques sacs jetables.

4. Quand tu sors de chez toi…
- ● tu éteins toujours la lumière.
- ▲ tu n'éteins jamais la lumière.
- ■ tu n'éteins pas toujours la lumière.

RÉSULTATS

Si tu as 4 ● bravo, tu es un/e vrai/e superhéros/superhéroïne écolo, tu es toujours disponible pour sauver la planète.
Si tu as 2 ■ ou plus, c'est bien, tu réalises déjà beaucoup de bons gestes pour ne pas polluer, continue !
Si tu as 2 ▲ ou plus, ce n'est pas grave, tu peux commencer à suivre les conseils des superhéros/superhéroïnes écolos.

B. Invente une autre question au test.

- ● ....
- ■ ....
- ▲ ....

4 **Dessine** ton/ta superhéros/superhéroïne et **décris** ses actions pour sauver la planète.

soixante-et-onze 71

UNITÉ 1

1 **Complète** les devinettes avec **qui** et **que**. **Écris** le nom.

A. C'est une superhéroïne ...qui... ne laisse jamais la lumière allumée et ...qui... éteint toujours la télé quand elle ne la regarde pas. C'est ...Emma, Mini-Conso...

B. C'est un objet .... j'utilise pour aller faire les courses et .... permet de ne jamais utiliser de sacs jetables. C'est ....

C. C'est une adolescente suédoise .... manifeste pour sauver la planète et .... ne prend jamais l'avion. C'est ....

D. C'est un superhéros .... s'habille en noir, ... Gabriel admire et .... sauve des gens. C'est ....

E. C'est un objet .... on trouve dans une chambre et .... sert à ranger les vêtements. C'est ....

2 Qu'est-ce que c'est ? **Écoute, écris** et **dessine**.

1. ...une poêle...
2. ....
3. ....

72 soixante-douze

LEÇON 3

3 **Observe** et **fais** le portrait du personnage.

COURAGEUX

INTELLIGENT

ANGLAIS

ÉCOLE DES SORCIERS

LE PORTRAIT D'HARRY POTTER

MAGIE

C'est un garçon qui a les yeux verts...

C'est un personnage...

C'est quelqu'un...

C'est...

4 **Écris** un nom dans chaque cas.

A. Une personne qui chante et danse bien.
B. Un/e ami/e qui est écolo.
C. Quelqu'un que tu admires.
D. Un personnage de « Cap sur... » que tu aimes.

soixante-treize 73

1 DES LETTRES ET DES SONS

1 Écoute et entoure si tu entends **j** comme dans **éponge**.

1.    2.    3.    4.

5.    6.    7.    8.

2 Lis l'invitation de Sam et réponds aux questions.

> Coucou Emma,
>
> Ce weekend, avec ma famille, nous nettoyons la plage. Tu veux venir ? Il faut prendre des sacs jetables pour ramasser les déchets. Ensuite, on doit trier les déchets dans les poubelles.
>
> Après le nettoyage de la plage, on va manifester. Il ne faut pas oublier les pancartes et aussi des gourdes pour boire. C'est plus écolo que des bouteilles en plastique.
>
> J'espère que tu peux venir. À bientôt !
>
> Sam

1. Quelles activités Sam va réaliser ce weekend ? Remets-les dans l'ordre.

    A. ☐    B. ☐    C. ☐

2. Quels objets il faut prendre ?

    A. ☐    B. ☐    C. ☐    D. ☐    E. ☐

74 soixante-quatorze

MISSION DÉCOUVERTE

LES SUPERHÉROS PRÉFÉRÉS DANS LE MONDE

1 **Lis et réponds.**

BLACK PANTHER

« Black Panther » occupe la première place (48 pays). C'est le film préféré aux États-Unis, au Canada et dans beaucoup de pays d'Afrique (Sénégal, Rwanda...). C'est aussi le premier film de superhéros/superhéroïnes qui a reçu une nomination pour l'Oscar du meilleur film, en 2019.

SPIDER-MAN, CAPTAIN MARVEL ET DEADPOOL

Les trois autres superhéros/superhéroïnes préférés/es dans le monde sont Spider-Man, Captain Marvel et Deadpool.
« Spider-Man » est le film favori dans 21 pays (Argentine, Mexique, Algérie, Espagne...) ; 14 pays (Royaume-Uni, Suède, Autriche, Australie...) préfèrent « Captain Marvel ». Et « Deadpool », c'est le film préféré dans 13 pays (Colombie, Hongrie...).

WONDER WOMAN

« Wonder Woman » est le film de superhéroïnes préféré en France ! C'est aussi le film préféré dans 11 autres pays, comme les Pays-Bas, la Finlande, la Serbie, la Suisse et le Vietnam.
Wonder Woman, c'est la première femme de l'univers des superhéros/superhéroïnes. Elle est née en 1941, deux ans après Super-Man.

A. Quel est le film préféré aux États-Unis ? ....
B. Quel est le film préféré en Espagne ? ....
C. Cite un pays qui préfère « Captain Marvel ». ....
D. Combien de pays préfèrent « Deadpool » ? ....
E. Quel est le film préféré en France ? ....

2 Et toi, quel est ton/ta superhéros/superhéroïne ou ton film de superhéros/superhéroïnes préféré ?

....
....
....

soixante-quinze

1 CAP SUR LES SCIENCES

1 **Lis** le texte.

Il existe deux types d'énergie sur Terre : les **énergies renouvelables** et les **énergies non renouvelables**.

Le **vent**, le **soleil** et l'**eau** sont des sources d'énergies renouvelables. Elles sont présentes de manière illimitée sur Terre et elles ne polluent pas. Elles servent à produire de l'**électricité** ou de la **chaleur**. Pour cela, on utilise des **éoliennes** (avec le vent), des **panneaux solaires** (avec le soleil) ou des **barrages** (avec l'eau).

Le **pétrole**, le **charbon** ou le **gaz naturel** sont des sources d'énergies non renouvelables. Elles peuvent s'épuiser et elles polluent. Elles servent à produire de l'**électricité**, du **carburant** ou de la **chaleur**.

2 **Écris** le nom de la source d'énergie utilisée. **Cherche** dans le texte.

A.  Le gaz naturel

B.  ....

C.  ....

D.  ....

3 Quel/s type/s d'énergie on peut utiliser pour faire fonctionner ces transports ? **Entoure** de la bonne couleur.

- le vent
- le carburant
- l'électricité

A.  (avion) B.  (bus) C. 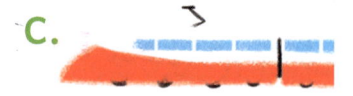 (train)

D.  (voilier) E.  (bateau) F.  (voiture)

76 soixante-seize

CAP OU PAS CAP ?

1 **Joue** avec un/e camarade.

Un/e camarade choisit une question et te la pose. Si ta réponse est correcte, lance le dé, note le numéro obtenu et réponds à une autre question. Si ce n'est pas correct, c'est au tour de ton/ta camarade de jouer. Le/La premier/ère qui a 25 points gagne.

A Cite une personne que tu admires et explique pourquoi.

B C'est quoi ? Tu utilises cet objet pour quoi ?

C Qu'est-ce que tu dois faire quand tu sors de chez toi ?

D Tu conseilles de prendre quel objet pour faire les courses ?

E On utilise ces poubelles pour quoi ?

F Qu'est-ce qu'on doit ramasser sur la plage ?

G Qui est Greta Thunberg ?

H Donne un conseil pour protéger la planète.

+6 POINTS

Réponses possibles : **A.** Harry Potter parce qu'il est intelligent et il fait de la magie. **B.** C'est une éponge. J'utilise une éponge pour nettoyer. **C.** Je dois éteindre la lumière. **D.** Je conseille de prendre un sac à dos. **E.** Pour trier les déchets. **F.** On doit ramasser les bouteilles en plastique/déchets. **G.** C'est une adolescente suédoise qui manifeste pour la planète. **H.** Quand tu te brosses les dents, ferme le robinet.

2 Et toi, qu'est-ce que tu sais faire ? **Coche** la/les case/s qui correspond/ent et **colle** ton autocollant. **Cherche-le** page A.

› Je sais exprimer le but. ☐
› Je sais donner des conseils. ☐
› Je sais présenter une personne que j'admire. ☐
› Je sais parler d'écologie. ☐

soixante-dix-sept 77

UNITÉ 2

1 **Observe** les balances et **complète** les résolutions.

A.

Je mangerai plus de légumes et je mangerai moins de bonbons.

B.

Je boirai ....

C.

Je lirai ....

D.

Je ferai ....

2 Qu'est-ce qu'il/elle fera l'année prochaine ? **Écoute**, **cherche** les autocollants page A et **colle-les** au bon endroit.

	Emma	Hector 	Gabriel	Nicolas 
Moins de	 bonbons	?	?	?
Plus de	ballon	?	?	?

78 soixante-dix-huit

LEÇON 1

3 Et toi, tu prendras quelles résolutions pour l'année prochaine ?
Dessine et **écris**.

4 Qu'est-ce qu'Emma fera dans le futur ?
Observe et **écris** des phrases.

Écrire à ses grands-parents — La semaine prochaine

L'année prochaine — Faire une grande fête pour son anniversaire

Visiter les pyramides d'Égypte — Dans 5 ans

Dans 10 ans — Étudier la physique à l'université

Habiter à Nouméa — Quand elle aura 60 ans

La semaine prochaine, elle écrira à ses grands-parents.

soixante-dix-neuf 79

UNITÉ 2

1 **Écoute** et **écris** le numéro du dialogue qui correspond à chaque affiche.

A. BIENVENUE AU CIRQUE
DIMANCHE 20 AOUT À 20H

B. C'EST MON ANNIVERSAIRE !
SAMEDI 11 JUIN À PARTIR DE 16H30

C. JOURNÉE DES MARIONNETTES
DIMANCHE 17 JUILLET À 19H

D. Chasse au trésor
Dimanche 9 septembre à 16h

2 Qu'est-ce qu'on fait pendant ces fêtes en France ? **Lis** et **réponds** aux questions.

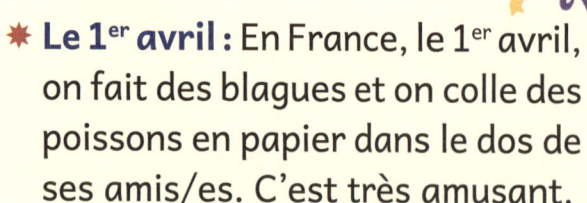

JOURS DE FÊTE EN FRANCE

* **Le 1er avril :** En France, le 1er avril, on fait des blagues et on colle des poissons en papier dans le dos de ses amis/es. C'est très amusant.

* **Le 1er mai :** En France, c'est la fête du Travail. On ne travaille pas. On offre aussi du muguet, une plante avec des petites fleurs blanches.

* **Le 21 juin :** C'est la fête de la Musique. Pendant une journée et une nuit, on peut voir des concerts, danser et chanter.

* **Le 14 juillet :** C'est la fête nationale de la France. On décore les rues, on organise des bals et on peut voir de magnifiques feux d'artifice.

LEÇON 2

A. À quelle fête on offre quelque chose ?

On offre du muguet à la fête du Travail.

B. Quel jour on fait des blagues ?

....

C. On peut voir un feu d'artifice à quelle fête ?

....

D. Quand est-ce qu'on peut écouter de la musique et danser ?

....

E. À quelle fête on décore les rues ?

....

3 Qu'est-ce qu'ils/elles feront cette semaine ? **Observe** et **écris**.

A. *Mardi*

Mardi, j'achèterai un cadeau pour l'anniversaire d'Emma.

B. *Mercredi*

Mercredi, nous ....

C. *Jeudi matin*

Jeudi matin, j' ....

D. *Vendredi soir*

Vendredi soir, nous ....

UNITÉ 2

① Imagine la rencontre de Gaston et Ginette.
Observe et **écris** une légende sous chaque image.

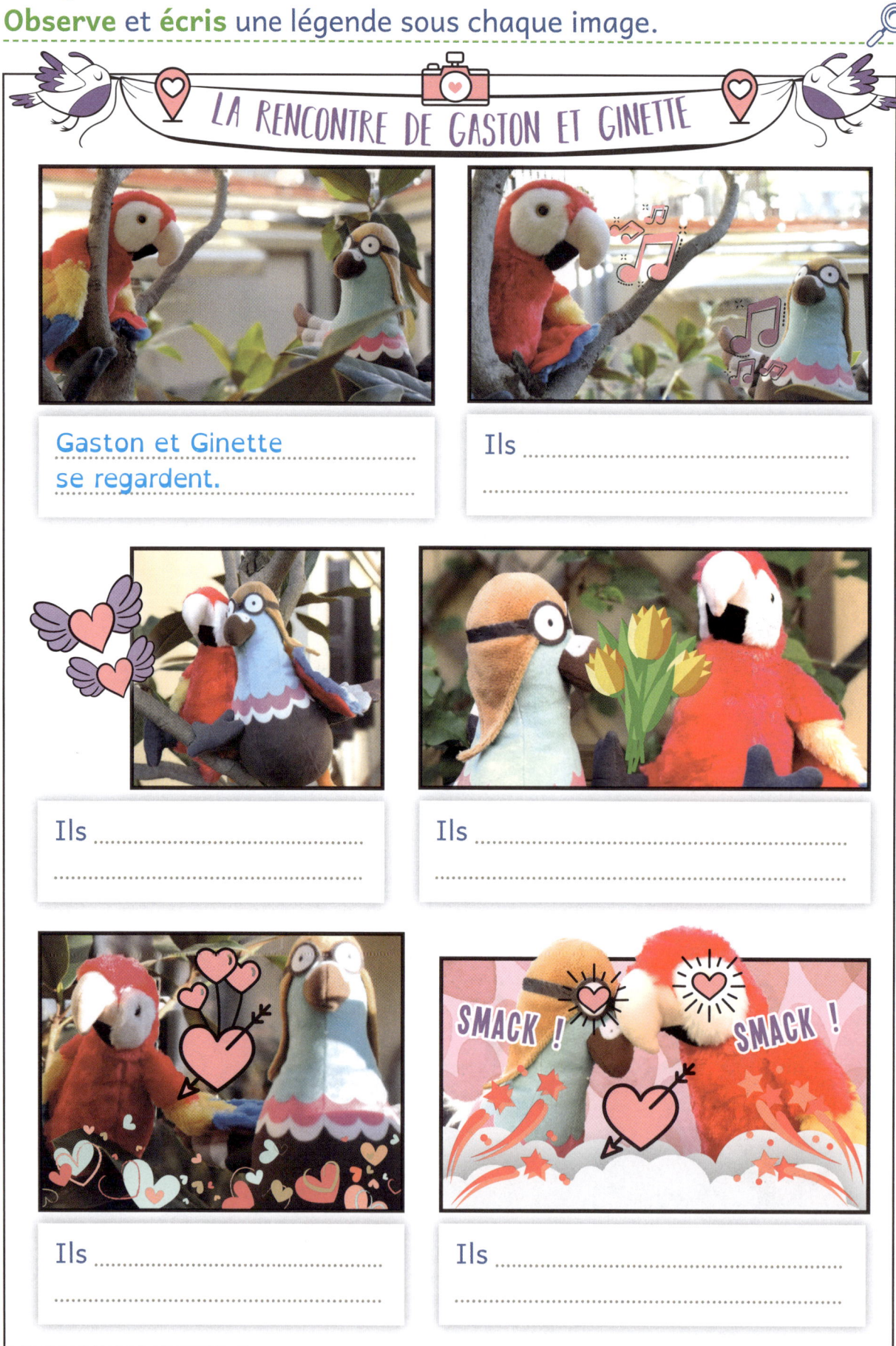

LA RENCONTRE DE GASTON ET GINETTE

Gaston et Ginette se regardent.

Ils ....

Ils ....

Ils ....

Ils ....

Ils ....

82 quatre-vingt-deux

LEÇON 3

2 **Écoute** la chanson et **complète**.
Cherche les autocollants page B et **colle-les** au bon endroit.

TU NOUS MANQUERAS TRÈS FORT, GASTON

On (?) quand on voudra, quand on pourra,
Peut-être quand on sera grands,
quand les poules (?) des dents.

On (?) pour se souhaiter la bonne année.
On te (?) de Paris et toi de ta vie ici.

Tu nous manqueras très fort, Gaston,
mais on (?) cette chanson
et on (?) de notre beau pigeon,
avec beaucoup d'émotion.

On (?) de tes chansons et de tes blagues.
De notre super voyage,
des montagnes, des jungles,
des plages...

3 Qu'est-ce que tu fais et ne fais pas avec tes amis/es ? **Écris**.

- s'offrir des cadeaux
- se raconter des secrets
- se téléphoner/s'appeler
- se faire des blagues
- s'embrasser
- se disputer
- se taper

2 DES LETTRES ET DES SONS

1 Écoute. **Cherche** les autocollants page B et **colle-les** dans la bonne colonne.

G	J
les légumes	le fromage

2 Lis le texte et **réponds** aux questions.

> Vendredi prochain, j'aurai 10 ans. Je fêterai mon anniversaire chez moi samedi à 16h30, avec tous mes amis/es. Je préparerai une fête sur la plage devant ma maison. Nous nous amuserons, nous ferons des châteaux de sable, nous danserons et mes parents prépareront un gâteau.
>
> Le soir, vers 20h, nous verrons un feu d'artifice et nous pourrons jouer à des jeux de mimes.
>
> Ce sera super !
>
> Sam

A. Sam aura quel âge ? ....

B. À quelle heure commencera la fête d'anniversaire de Sam ?
   1.   2.   3.   4.

C. Qu'est-ce qu'il fera avec ses amis/es ?
   1.   2.   3.   4.

D. Ses parents prépareront quoi ?
   1.   2.   3.   4.

84 quatre-vingt-quatre

MISSION DÉCOUVERTE
LE NOUVEL AN DANS LE MONDE

1 **Lis** et **réponds**.

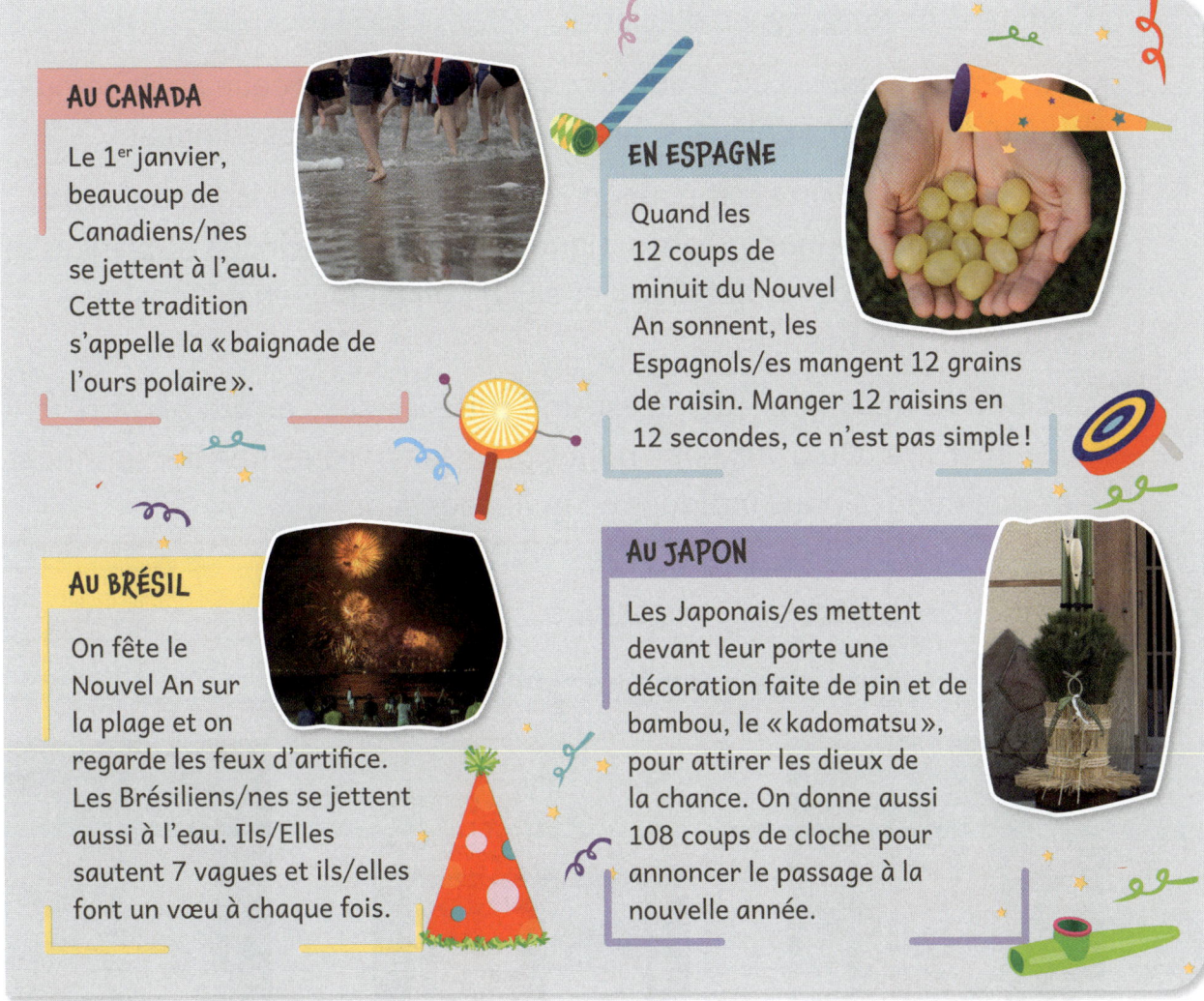

AU CANADA
Le 1er janvier, beaucoup de Canadiens/nes se jettent à l'eau. Cette tradition s'appelle la « baignade de l'ours polaire ».

EN ESPAGNE
Quand les 12 coups de minuit du Nouvel An sonnent, les Espagnols/es mangent 12 grains de raisin. Manger 12 raisins en 12 secondes, ce n'est pas simple !

AU BRÉSIL
On fête le Nouvel An sur la plage et on regarde les feux d'artifice. Les Brésiliens/nes se jettent aussi à l'eau. Ils/Elles sautent 7 vagues et ils/elles font un vœu à chaque fois.

AU JAPON
Les Japonais/es mettent devant leur porte une décoration faite de pin et de bambou, le « kadomatsu », pour attirer les dieux de la chance. On donne aussi 108 coups de cloche pour annoncer le passage à la nouvelle année.

A. Dans quel/s pays on mange des raisins ? ....

B. Dans quel/s pays on se baigne ? ....

C. Dans quel/s pays on décore la porte des maisons ? ....

D. Dans quel/s pays on annonce la nouvelle année avec une cloche ?
....

2 Et toi, qu'est-ce que tu fais pour le Nouvel An ?
Est-ce qu'il y a une tradition dans ton pays ? **Explique**.

....
....
....

2 CAP SUR LA LITTÉRATURE

1 Lis.

Il existe différents types d'écrits :

- Le **roman**, c'est un écrit qui raconte une histoire réelle ou imaginaire. Il y a des romans policiers, historiques, d'aventures, d'amour…

- Le **conte**, c'est un écrit court qui raconte une histoire imaginaire, avec des personnages fantastiques (sorcières, princes et princesses, dragons…) et des objets magiques. Il commence en général par « Il était une fois… ».

- La **bande dessinée** (BD), c'est une suite de dessins qui racontent une histoire. On utilise des bulles pour les paroles des personnages et des nuages pour indiquer ce qu'ils pensent.

2 Observe et réponds aux questions.

A. Associe chaque couverture à un type d'écrit.

1. IL ÉTAIT 3 FOIS — La Belle au bois dormant (Davide Cali, Amélie Falière) © Nathan

2. 13 Boule & Bill — PAPA, MAMAN, BOULE… et moi ! et nous ! © Studio Boule & Bill, 2020 — DUPUIS

3. Vanessa Pontet — FONTECLOSE le Trésor de Charette — « Une aventure palpitante, pleine d'humour et de mystère ! » Lorànt Deutsch © Slalom et Anne-Lise Nalin

....

B. Entoure les titres sur chaque couverture.

C. Sur quelle/s couverture/s tu trouves ces éléments ?

a. (bulle)   b. (princesse)   c. (château)   d. (sorcière)   e. (chien)

Je vois une sorcière sur la couverture 1.

86 quatre-vingt-six

CAP OU PAS CAP?

1 **Joue** avec un/e camarade.

Choisis une question et réponds. Si tu réponds correctement, marque une croix verte. Puis, c'est au tour de ton/ta camarade. Comparez vos grilles. Celui/Celle qui aura le plus de croix vertes gagne.

1. ☐ Qu'est-ce que tu offriras à ton amoureux/euse pour la fête des amoureux/euses ?	2. ☐ Dis un mot avec le son **G** comme dans **gorille**.	3. ☐ Qu'est-ce que les Cousteau feront l'année prochaine ?	4. ☐ Qu'est-ce qu'on peut voir au Nouvel An ?
5. ☐ Qu'est-ce qu'Amélie fera l'année prochaine ?	6. ☐ Imagine la résolution d'Emma.	7. ☐ Qu'est-ce qu'ils/elles font ?	8. ☐ Entoure ce qu'on fait en France, le 1er avril.
9. ☐ Dis 2 choses que tu feras pour ton anniversaire.	10. ☐ Qu'est-ce que tu feras dans 10 ans ?	11. ☐ Dis un mot avec le son **J** comme dans **girafe**.	12. ☐ Dis une de tes résolutions pour l'année prochaine.

Réponses possibles : **1.** des fleurs, du chocolat... **2.** une gomme, un gâteau, une blague... **3.** Ils visiteront la tour Eiffel. **4.** On peut voir un feu d'artifice. **5.** Elle fera plus de sport et moins de siestes. **6.** Emma lira plus de livres. **7.** Ils se racontent des secrets. **8.** Deuxième dessin : on se fait des blagues. **9.** Réponses libres. **10.** Réponses libres. **11.** un journal, un pigeon, un pyjama... **12.** Réponses libres.

2 Et toi, qu'est-ce que tu sais faire ? **Coche** la/les case/s qui correspond/ent et **colle** ton autocollant. **Cherche-le** page B.

› Je sais faire des comparaisons. ☐

› Je sais parler du futur. ☐

› Je sais parler des fêtes. ☐

UNITÉ 3

1 Qu'est-ce que Mai a fait le weekend dernier ? Pour le savoir, **colorie** de la même couleur les étiquettes qui vont ensemble et **écris** une phrase avec l'étiquette qui reste.

voir	été	dire	perdre
prendre	manger	lire	fait
lu	mangé	eu	vu
perdu	écrit	dit	écrire
avoir	être	pris	

Le weekend dernier, j'

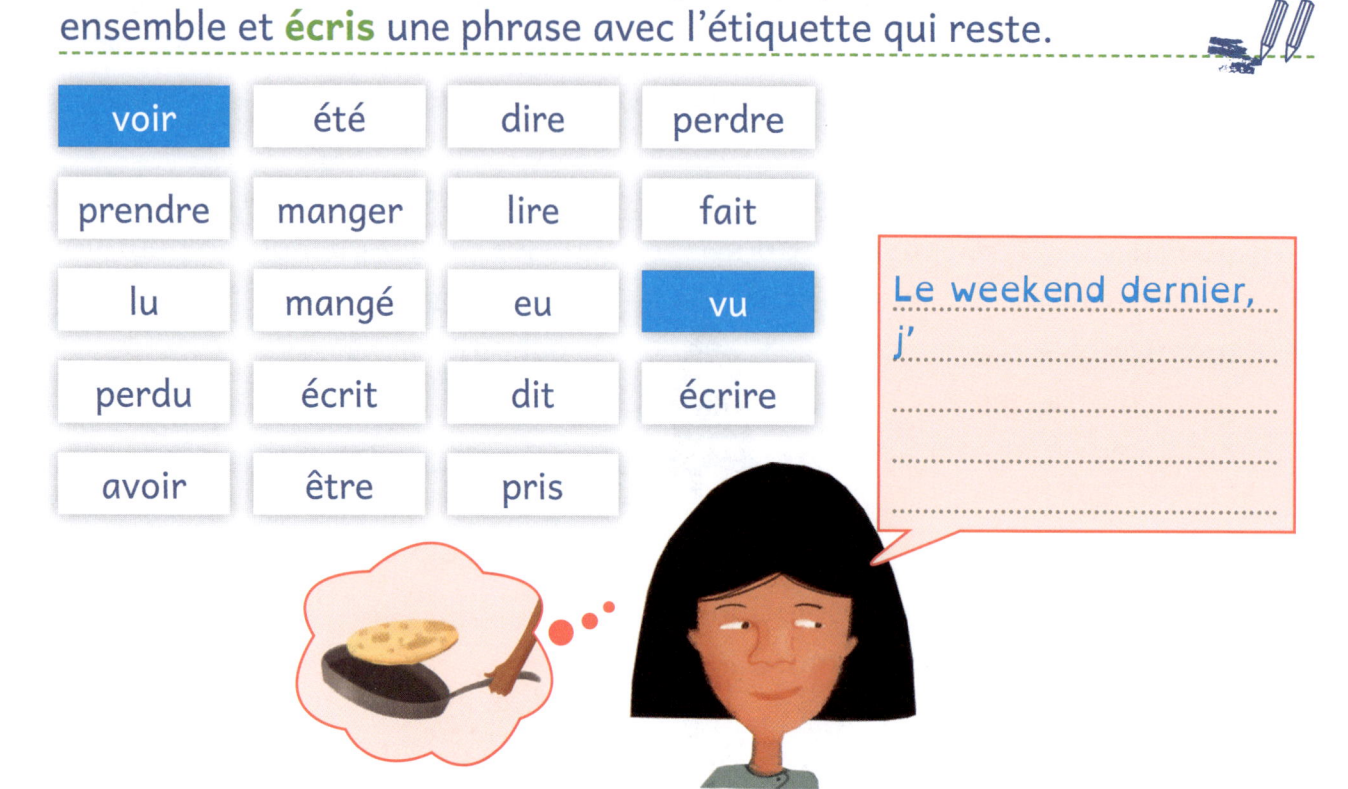

2 Qu'est-ce qu'Emma et Hector ont fait ?
Suis les chemins, **observe** et **écris** des phrases.

Emma a fait du vélo.
Hector...
Emma et Hector...

88 quatre-vingt-huit

LEÇON 1

3 **Complète** l'agenda d'Emma. **Écoute, cherche** les autocollants page C et **colle-les** au bon endroit.

JANVIER

	MERCREDI 1	JEUDI 2	VENDREDI 3	SAMEDI 4	DIMANCHE 5
LUNDI 6	MARDI 7	MERCREDI 8	JEUDI 9	VENDREDI 10	SAMEDI 11	DIMANCHE 12
LUNDI 13	MARDI 14	MERCREDI 15	JEUDI 16	VENDREDI 17	SAMEDI 18	DIMANCHE 19
LUNDI 20	MARDI 21	MERCREDI 22	JEUDI 23	VENDREDI 24	SAMEDI 25	DIMANCHE 26
LUNDI 27	MARDI 28	MERCREDI 29	JEUDI 30	VENDREDI 31		

4 **Pense** à tes dernières vacances et **dessine** un bon moment. **Raconte** ce que tu as fait.

quatre-vingt-neuf 89

UNITÉ 3

1 **Observe, écoute et réponds.**

A. Écris l'avis d'Amélie, Emma, Gabriel et Hector sous chaque image.

1.

Amélie a adoré cette œuvre. Elle trouve que c'est original.

2.

3.

4.

B. Choisis une des œuvres. Dis si tu aimes ou non, et pourquoi.

LEÇON 2

❷ **Crée** ton sondage.

A. Complète les questions du sondage.

SONDAGE SUR TES ACTIVITÉS DU WEEKEND

1. ☐ Tu as regardé la télé.
   ☐ Tu n'as pas regardé la télé.
2. ☐ ....
   ☐ ....
3. ☐ ....
   ☐ ....
4. ☐ ....
   ☐ ....
5. ☐ ....
   ☐ ....
6. ☐ ....
   ☐ ....

B. Propose à une personne de ta famille ou à un/e ami/e de répondre à ton sondage.

❸ Qu'est-ce que les Cousteau ont fait ? Qu'est-ce qu'ils n'ont pas fait ? **Observe** et **écris**.

Ils ont vu des œuvres de street art.

....
....
....

quatre-vingt-onze 91

UNITÉ 3

1 **Observe** et **décris** les photos. Tu peux t'aider des étiquettes.

| propre | sale | pollué/e | sain/e |

| bruyant/e | calme | relaxant/e | stressant/e |

A.

Dans cette ville, l'air est pollué.
....

B.

....
....
....

C.

....
....
....

D.

....
....
....

E.

....
....
....

F.

....
....
....

2 **Écoute** et **écris** le numéro du dialogue qui correspond à chaque image. 🎧 33

A. ☐

B. ☐

92 quatre-vingt-douze

LEÇON 3

3 **Observe** et **compare** les personnages.
Tu peux t'aider des étiquettes.

petit · triste · grand/e · fatigué/e · gros/se
mince · jeune · drôle · content/e · vieux/vieille

A. NICOLAS — MARTIN

Martin est plus petit que Nicolas.

B. MAMIE — AMÉLIE

4 **Écoute** la chanson et **réponds**.

A. Complète le début de la chanson.

BRUXELLES, PARIS

Bruxelles est _____,
Paris _____.
Elles ne sont pas pareilles,
mais elles sont _____.

Bruxelles est _____,
Paris _____.
Ce sont deux villes
sous la même _____.

B. Sur le modèle de la chanson, compare d'autres choses (animaux, sports, amis/es...) et écris des paroles pour une nouvelle chanson.

Mon chat est gros,
mon chien aussi.
Ils ne sont pas pareils,
mais ils sont gentils.

quatre-vingt-treize 93

3 DES LETTRES ET DES SONS A B

1 **Écoute** et **colorie plus** si tu entends le **s** à la fin.

1. À Nouméa, il y a plus de perroquets qu'à Bruxelles.
2. Emma est plus petite que Gabriel.
3. Au Vietnam et au Sénégal, on mange plus de riz qu'en Belgique.
4. Les oiseaux sont plus colorés dans ce pays.
5. Je lis plus de BD que de romans. Je trouve ça plus drôle.

2 Vrai ou faux ? **Lis** et **coche** la bonne case. **Souligne** pour justifier.

> Chère Mai,
>
> Tu vas bien ? Tu as reçu ma carte postale de Nouvelle-Calédonie ?
>
> Nous avons pris l'avion la semaine dernière pour rentrer en Europe. Nous sommes en Belgique, à Bruxelles !
>
> Ici, c'est bien mais c'est moins calme qu'en Nouvelle-Calédonie.
>
> Hier, on a fait beaucoup de choses ! On a visité le musée de la BD et on a vu beaucoup d'œuvres d'art dans les rues. J'ai adoré !
>
> Aujourd'hui, on va visiter l'Atomium.
>
> Je t'appelle demain pour te raconter notre journée.
>
> Bon après-midi et à demain au téléphone !
>
> Bisous,
>
> Gabriel

	VRAI	FAUX
A. Gabriel écrit à Mai.	☑	☐
B. Mai a écrit une carte postale à Gabriel.	☐	☐
C. Gabriel a pris l'avion pour aller à Bruxelles.	☐	☐
D. Bruxelles, c'est plus calme que la Nouvelle-Calédonie.	☐	☐
E. Gabriel va visiter le musée de la BD demain.	☐	☐
F. Gabriel a aimé les œuvres d'art.	☐	☐

MISSION DÉCOUVERTE
LES PERSONNAGES DE BANDE DESSINÉE

1 **Lis** et **réponds** aux questions.

MAFALDA

Mafalda est une héroïne de BD argentine, créée par le dessinateur argentin Quino.
Mafalda est une petite fille intelligente. Elle se pose des questions sur le monde et elle aime la politique. Elle déteste la soupe !

ESTHER

Esther est l'héroïne d'une BD française, « Les Cahiers d'Esther », écrite et dessinée par Riad Sattouf. Esther donne son avis sur la vie et parle de ses amis, de l'école, etc.

© Allary éditions – Riad Sattouf

ALBERT LE LOUP

C'est une BD italienne créée par Guido Silvestri. Albert est un loup. Il vit dans la forêt près d'une ferme. Dans la ferme, il y a son amoureuse, la poule Marta, le chien Moïse et beaucoup d'autres animaux.

© Lupo Alberto

MONKEY D. LUFFY

C'est le héros du manga (style de BD japonaise) « One Piece », créé par Eiichirō Oda. Monkey D. Luffy est un garçon pirate. Son corps a les mêmes qualités que le caoutchouc parce qu'il a mangé un fruit du démon. Il voyage sur son bateau à la recherche d'un trésor.

A. Quel personnage parle de sa vie de tous les jours ? ....

B. Quel personnage aime la politique ? ....

C. Quel personnage voyage sur un bateau ? ....

D. Quel personnage est amoureux d'une poule ? ....

2 Et dans ton pays, est-ce qu'il existe des héros ou héroïnes de BD célèbres ? **Choisis** un personnage, **colle** sa photo et **décris-le**.

quatre-vingt-quinze 95

3 CAP SUR LES ARTS PLASTIQUES

1 **Lis. Cherche** les autocollants page C et **colle-les** au bon endroit.

Il y a plusieurs styles d'**art urbain** ou **street art** :

- Les **graffitis** sont nés à New York dans les années 1960-1970. Ce sont des messages peints sur les murs. Les plus simples sont de petite taille avec une seule couleur, mais il y en a de très grands, très colorés. ?

- Le **pochoir** est né au début des années 1980. L'artiste découpe les formes de son dessin dans du carton ou un autre matériel. Il pose le pochoir sur les murs et réalise l'œuvre avec une bombe de peinture. ?

- Le **yarn bombing** ou **tricot urbain** est né en 2005. On décore les arbres, les statues ou les objets urbains avec de la laine colorée pour attirer l'attention du public. ?

2 **Dessine** un graffiti sur ce mur.

CAP OU PAS CAP ?

1 Avec un/e camarade, **observe** les images et **réponds**.

LA JOURNÉE D'HECTOR ET GABRIEL, HIER À BRUXELLES

A. Compare Gabriel et Hector sur l'image 1.

B. Compare la ville et le parc sur l'image 2.

C. Observe toutes les images.
Qu'est-ce que Gabriel et Hector ont fait hier à Bruxelles ?

D. Imagine ce qu'Hector pense de l'œuvre d'art sur l'image 4.
Est-ce qu'il aime ou non ?

*Réponses possibles : **A.** Gabriel est plus grand qu'Hector. **B.** La ville est plus bruyante. Le parc est plus propre et l'air est plus sain. **C.** Hier, Gabriel et Hector ont pris le bus, ils ont joué au football dans un parc. Ils n'ont pas visité le musée de la BD. Ils ont vu beaucoup d'œuvres de street art. **D.** Il aime bien cette œuvre. Il trouve que c'est comique.*

2 Et toi, qu'est-ce que tu sais faire ? **Coche** la/les case/s qui correspond/ent et **colle** ton autocollant. **Cherche-le** page C.

- ❯ Je sais raconter des choses au passé. ☐
- ❯ Je sais exprimer une opinion. ☐
- ❯ Je sais faire des comparaisons. ☐
- ❯ Je sais parler d'une ville. ☐

quatre-vingt-dix-sept 97

UNITÉ 4

1 **Observe** et **écris** le nom des étages.

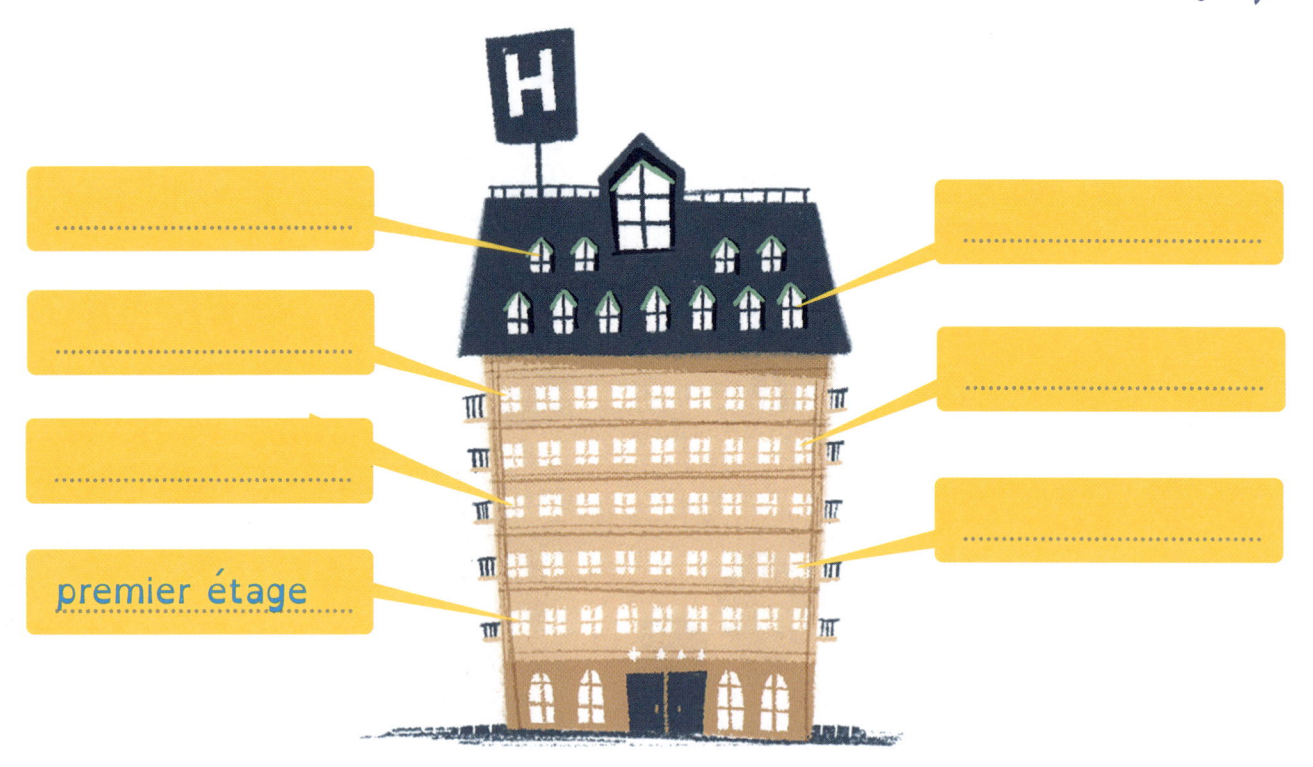

....

....

....

....

....

premier étage

....

2 **Regarde** à la page 61 et **observe** pendant quelques minutes le schéma. **Complète** la vie d'Éva Cousteau.

1. Elle .... à la mer
2. Elle .... chez elle
   Elle est entrée
   Elle est sortie
3. Elle .... en Afrique
4. Elle .... dans sa mongolfière
5. Elle ....
6. Elle .... à Bruxelles
   Elle est revenue en Belgique
   Elle est descendue
7. Elle .... par Paris
8. Elle .... en Belgique

Elle est née

Elle est morte

LEÇON 1

3 **Place** les étiquettes au bon endroit. **Écris** la forme correcte.

~~visiter~~   ~~monter~~   tomber   partir   voir   arriver

regarder   écouter   raconter   sortir   rester   prendre

J'AI — visité

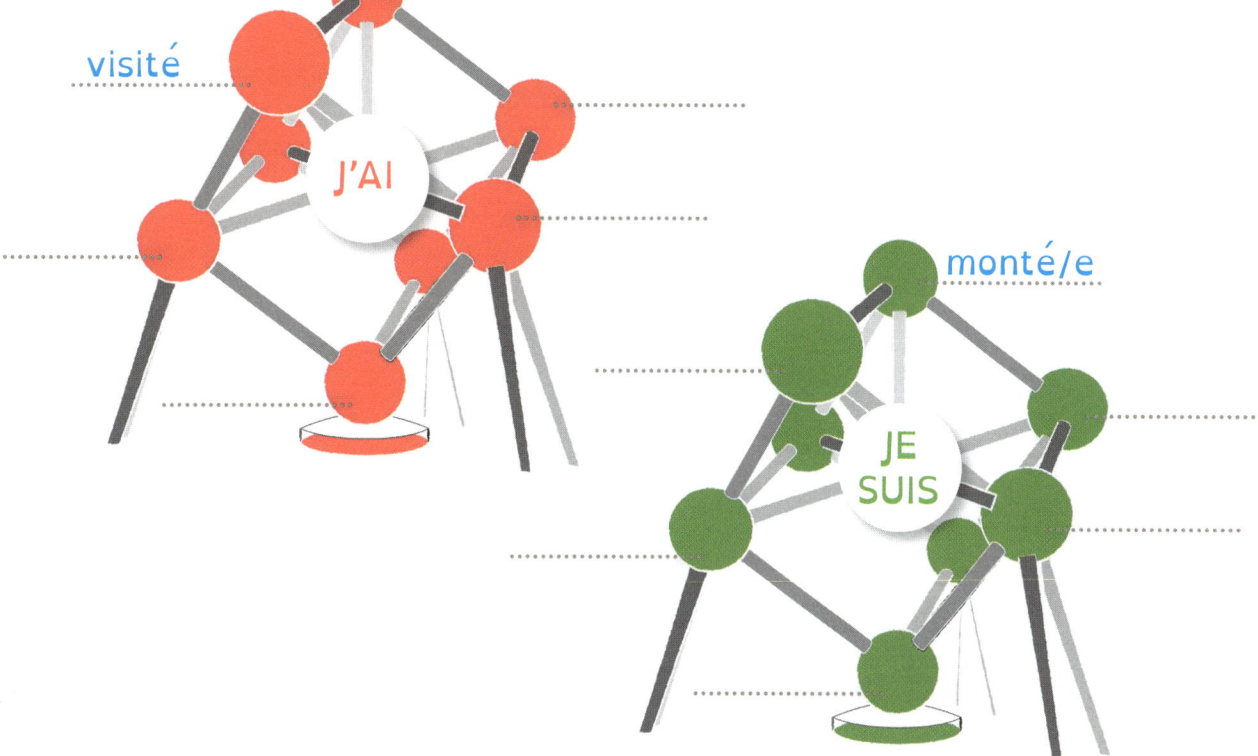

JE SUIS — monté/e

4 **Écoute** Gabriel et **réponds** aux questions. **Aide-toi** des images.

A. Qu'est-ce qu'ils ont fait à 9h ?
   Ils sont sortis de l'hôtel et ils ont pris le bus.

B. Qu'est-ce qu'ils ont fait dans le parc ?
   ....

C. Où est-ce qu'ils sont montés ?
   ....

D. Où est-ce qu'ils ont mangé ?
   ....

E. Qu'est-ce qui est arrivé à la gaufre d'Emma ?
   ....

quatre-vingt-dix neuf 99

UNITÉ 4

1 Écoute. Cherche les autocollants page D et colle-les dans le bon ordre.

1.

2.

3.

2 Écoute la chanson et réponds aux questions.

A. Éva est montée dans un bateau ?
Non, elle n'est pas montée dans un bateau.
Elle est montée dans un avion.

B. Au Gabon, Éva a vu des gorilles ?
....
....

C. Éva est arrivée à gare du Nord ?
....
....

D. À La Réunion, elle est allée voir des papillons ?
....
....

E. Éva est rentrée à la maison avec son chien ?
....
....

100 cent

LEÇON 2

3 **Invente** la biographie d'un homme ou d'une femme.
Tu peux t'aider des images.

Il/Elle est né/e en Afrique...

UNITÉ 4

1 Qu'est-ce que tu manges ? Qu'est-ce que tu bois ?
Lis et **colorie** de la bonne couleur.

	🟤	🟠	🟧	🟢
Le couteau	Je ne mange jamais de viande.	Je mange rarement de la viande.	Je mange parfois de la viande.	Je mange souvent de la viande.
La fourchette	Je ne mange jamais de frites.	Je mange rarement des frites.	Je mange parfois des frites.	Je mange souvent des frites.
Le verre	Je ne bois jamais de boissons sucrées.	Je bois rarement des boissons sucrées.	Je bois parfois des boissons sucrées.	Je bois souvent des boissons sucrées.
L'assiette	Je ne mange jamais de légumes.	Je mange rarement des légumes.	Je mange parfois des légumes.	Je mange souvent des légumes.

LEÇON 3

❷ Observe et complète.

A. Barre l'intrus dans chaque liste.

1. a. (gaufre) b. (frites) c. ~~(salade)~~ d. (pizza)
2. a. (glace) b. (bonbons) c. (chocolat) d. (fraises)
3. a. (riz) b. (œufs) c. (pâtes) d. (flocons d'avoine)
4. a. (fromage) b. (aubergine) c. (brocoli) d. (carottes)

B. Justifie tes réponses.

1. La salade, ce n'est pas un produit gras. C'est bon pour la santé.

....
....
....
....
....
....

❸ Écoute et écris le numéro du dialogue qui correspond à chaque valise.

A. ☐   B. ☐   C. ☐   D. ☐

| souvent | parfois | rarement | jamais |

cent-trois 103

4 DES LETTRES ET DES SONS   A   B

1 Lis le carnet de voyage de Gabriel et **entoure** les réponses.

> Bruxelles est une ville géniale ! On a dormi dans un hôtel, au sixième étage. Aujourd'hui, on a pris le métro, on est passés par la Grand-Place et on est montés dans l'Atomium.
>
> On a mangé dans la rue, dans une friterie. J'ai gouté les gaufres. C'est super bon mais il ne faut pas en manger tous les jours. C'est gras et sucré.
>
> Ce que j'ai adoré, c'est le musée Éva Cousteau. À mon âge, elle a fait le tour de la Belgique en patins à roulettes ! Elle a inventé un vélo à moteur et, avec une amie, elles sont allées en Afrique en montgolfière.

MUSÉE ÉVA COUSTEAU
ENTRÉE : 3€

A. À quelle étage de l'hôtel ils ont dormi ?

1er   2e   3e   4e   5e   6e   7e

B. Ils sont montés dans quoi ?
1.    2.    3.

C. Qu'est-ce que Gabriel a mangé ?
1.    2.    3.

D. Où Éva Cousteau est allée en montgolfière ?
1. Europe    2. Afrique    3. Amérique du Nord

2 Écoute et **colorie** ce que tu entends.

1. rousse / russe
2. une bulle / une boule
3. sur / sous
4. une poule / un pull

MISSION DÉCOUVERTE
DES FEMMES QUI ONT CHANGÉ LE MONDE

1 **Lis** et **réponds** aux questions.

MALALA YOUSAFZAÏ
Elle est née au Pakistan en 1997. Enfant, elle a écrit un journal pour raconter sa vie dans son pays.
À 17 ans, elle a reçu le prix Nobel de la paix pour la protection des enfants et pour le droit à l'éducation. Elle a écrit un livre en 2014 « Moi, Malala ».

MARIE CURIE
Cette grande scientifique est née en Pologne en 1867. À 24 ans, elle est partie à Paris et elle a étudié la physique. Elle a gagné le prix Nobel de chimie en 1911. C'est la première femme qui a gagné un prix Nobel. Elle a écrit plusieurs livres. Elle est morte en 1934.

VALENTINA TERECHKOVA
Elle est née en 1937 en Russie. C'est la première femme au monde qui est allée dans l'espace, en juin 1963. C'est aujourd'hui encore la première cosmonaute qui a volé seule dans l'espace, sans coéquipier.

ROSA PARKS
Elle est née en 1913 aux États-Unis. Elle est le symbole de la bataille contre le racisme. Elle est devenue célèbre le premier décembre 1955 quand elle a pris le bus et a refusé de laisser sa place à un passager blanc. Elle est morte en 2005.

A. Quelle femme a été la première à gagner un prix Nobel ? ....

B. Quelles femmes ont écrit un livre ? ....

C. Quelle femme est née aux États-Unis ? ....

D. Quelle femme est cosmonaute ? ....

2 Et toi, quelle femme tu admires ? Qu'est-ce qu'elle a fait ?
Écris son histoire.

4 CAP SUR L'INFORMATIQUE

1 **Lis.**

> Un **ordinateur** est une machine qui permet de réaliser rapidement des opérations et des calculs. Les premiers ordinateurs sont nés entre 1936 et 1956. Ce sont des machines énormes.
>
> Premiers ordinateurs
>
> Dans les années 1970, on a inventé un **ordinateur personnel** pour les maisons. Plus petit, on peut le mettre sur un bureau.
>
> Aujourd'hui, les ordinateurs ont beaucoup évolué. Ils sont plus rapides et il y a même des **ordinateurs portables**.
>
> Ordinateurs d'aujourd'hui

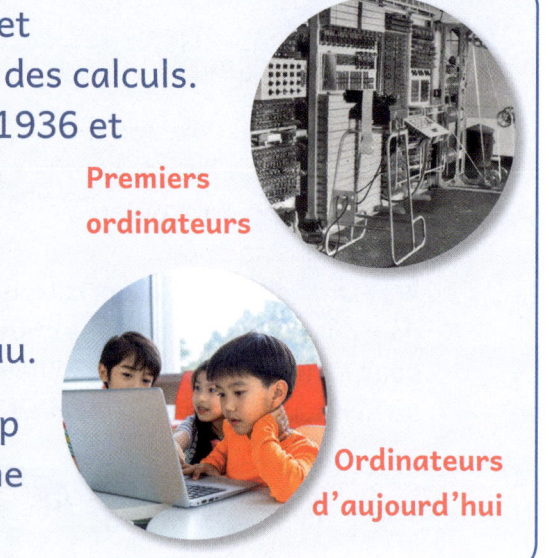

2 **Compare** les premiers ordinateurs et les ordinateurs d'aujourd'hui.

....

....

3 Qu'est-ce que tu sais des ordinateurs ? **Écris** les mots au bon endroit.

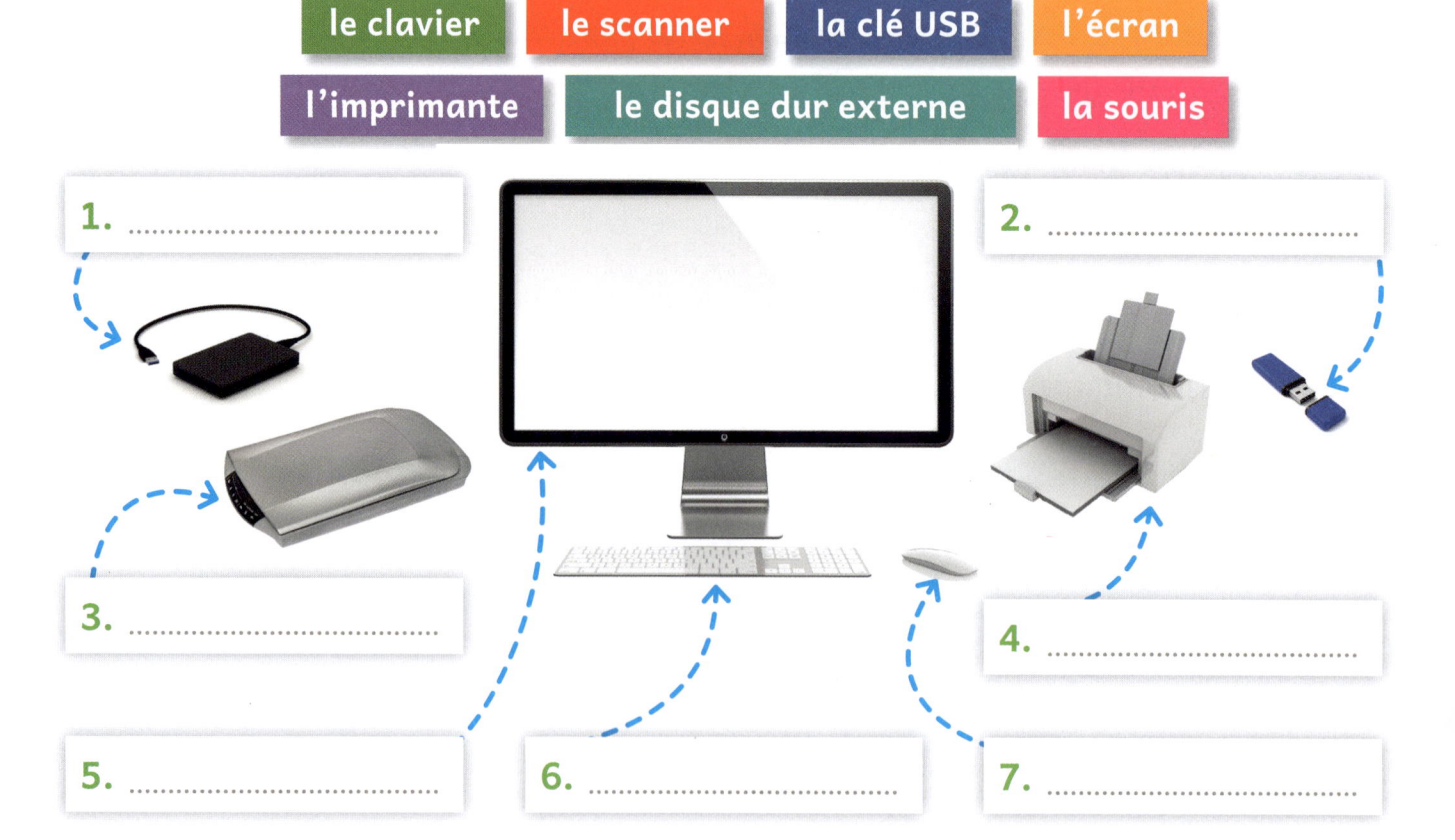

le clavier • le scanner • la clé USB • l'écran • l'imprimante • le disque dur externe • la souris

1. ....
2. ....
3. ....
4. ....
5. ....
6. ....
7. ....

106 cent-six

CAP OU PAS CAP?

1 Avec un/e camarade, **répondez** aux questions.

A. Les Cousteau ont pris le bus pour aller où ?

B. Qu'est-ce qu'ils ont vu à la troisième étape ?

C. À quelle étape ils ont vu des dinosaures ?

D. Comment ils sont allés à l'Atomium ?

E. Quand est-ce qu'ils ont pris des photos de la ville ?

F. Qu'est-ce qu'ils ont mangé deux fois ? Est-ce que c'est gras ou léger ?

G. Qu'est-ce qu'ils ont fait à la huitième étape ?

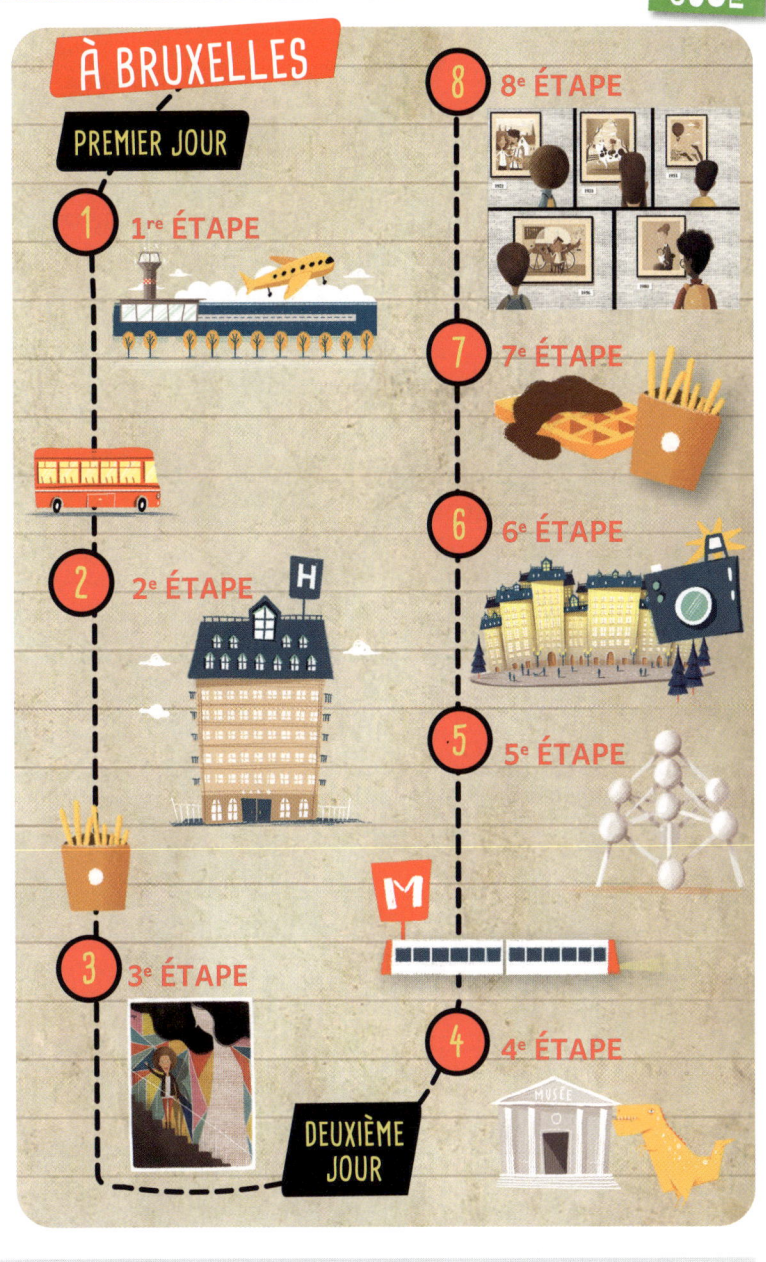

À BRUXELLES — PREMIER JOUR — 1re ÉTAPE, 2e ÉTAPE, 3e ÉTAPE — DEUXIÈME JOUR — 4e ÉTAPE, 5e ÉTAPE, 6e ÉTAPE, 7e ÉTAPE, 8e ÉTAPE

A. Ils ont pris le bus pour aller à l'hôtel. B. Ils ont vu des fresques/œuvres de street art. C. À la 4e étape. D. Ils sont allés à l'Atomium en métro. E. À la 6e étape. F. Des frites. C'est gras. G. Ils ont visité le musée Eva Cousteau.

2 Et toi, qu'est-ce que tu sais faire ? **Coche** la/les case/s qui correspond/ent et **colle** ton autocollant. **Cherche-le** page D.

> Je sais raconter au passé. ☐
> Je connais les nombres ordinaux. ☐
> Je sais exprimer la fréquence. ☐
> Je sais parler de mon alimentation. ☐

cent-sept 107

CAP SUR LE DELF PRIM A2

⇨ Je découvre l'examen

Épreuve	Exercices	⏱	/ 100
Compréhension de l'oral	3 exercices	25 minutes	25 points
Compréhension des écrits	3 exercices	30 minutes	25 points
Production écrite	2 exercices	45 minutes	25 points
Production orale	3 exercices	15 minutes	25 points

⇨ Je comprends les consignes

	Je coche la bonne réponse.
	J'entoure la bonne réponse.
	J'écris le bon numéro.
	J'écris la bonne réponse.

COMPRÉHENSION DE L'ORAL

1 **Écoute** le message d'Emma et **réponds**.

A. L'invitation est pour…

1. ☐   2. ☐   3. ☐

B. Quel jour tu es invité/e ?
....

C. Qu'est-ce que tu dois apporter ? (2 réponses attendues.)
....
....

D. Pour confirmer, tu dois appeler quel numéro ? Complète.

| 06 | 80 | …… | 11 | …… |

2 **Écoute** le message de Gabriel et **réponds** aux questions.

A. Gabriel est rentré de vacances quel jour ?
1. ☐ vendredi.   2. ☐ lundi.   3. ☐ jeudi.

B. Qu'est-ce que Gabriel a visité ?
....

C. Gabriel a détesté :

1. ☐   2. ☐   3. ☐

D. Qu'est-ce qu'il s'est passé dans l'avion ?

....

E. Lundi, Gabriel te propose d'aller…
1. ☐ au parc naturel.
2. ☐ à la plage.
3. ☐ au cinéma.

cent-neuf 109

COMPRÉHENSION DE L'ORAL

3 **Écoute** la conversation entre Emma et Gabriel.
Réponds aux questions.

A. Emma et Gabriel parlent de quoi ?
1. ☐ D'un exposé sur la planète.
2. ☐ D'une manifestation pour la planète.
3. ☐ De la protection de la planète.

B. Emma dit qu'à l'école ils/elles ont créé...
1. ☐ une carte du monde des gestes écolos.
2. ☐ une affiche avec des gestes écolos.
3. ☐ un règlement avec des gestes écolos.

C. Mets dans l'ordre les gestes choisis par la classe. Écris le numéro.

a. ☐   b. ☐   c. ☐

D. Quelle est la réaction de Gabriel ?
1. ☐ Il est inquiet.
2. ☐ Il est content.
3. ☐ Il est surpris.

E. Quel conseil Emma donne à Gabriel ?
....
....
....

COMPRÉHENSION DES ÉCRITS

1 **Lis** le message d'Arthur et **réponds** aux questions.

Nouveau message

De : Arthur
À : Hector
Objet : Bonne année !

Salut Hector !
Je t'écris pour te souhaiter une bonne année !
J'ai passé les fêtes de fin d'année chez mes grands-parents. C'était super !
Nous avons fait du ski et des promenades dans la montagne. Nous avons même vu un feu d'artifice le 31 !
Le 1er janvier, nous avons fait une grande fête pour la nouvelle année mais aussi parce que c'était l'anniversaire de Noémie, ma cousine.

Mais comme d'habitude, les vacances sont trop courtes 😕 !!
Est-ce que tu as passé de bonnes vacances ? Qu'est-ce que tu as fait ?

Pour cette nouvelle année, j'ai pris des résolutions… Comme chaque année 😄 !
J'ai pris 3 résolutions, pour être sûr de réussir à les tenir !!
La première : je vais être plus attentif en classe. Puis, je mangerai plus de légumes et en dernier, j'aiderai plus mes parents à la maison.
Et toi ? tu as pris des résolutions ?
Je te téléphonerai quand je rentrerai.
Réponds-moi vite ! À bientôt !
Arthur

ENVOYER

A. Pourquoi Arthur écrit à Hector ?

....

B. Où Arthur a passé les fêtes de fin d'année ?

1. ☐ À l'hôtel.   2. ☐ Dans sa famille.   3. ☐ Chez des amis.

C. Qu'est-ce qu'ils ont vu le 31 décembre ?

1. ☐   2. ☐   3. ☐

D. Arthur a pris 4 résolutions pour cette année.

VRAI   **FAUX**

Justifie ta réponse avec une phrase du message d'Arthur.

....

E. Arthur fera quoi quand il rentrera chez lui ?

1. ☐ Il écrira un autre message à Hector.
2. ☐ Il téléphonera à Hector.
3. ☐ Il ira chez Hector.

COMPRÉHENSION DES ÉCRITS

2 **Lis** cette affiche et **réponds** aux questions.

GRANDE CHASSE AU TRÉSOR

Samedi 22 juin à 14 h 30
Parc des 5 Fontaines
9, rue de la Liberté

Animée par l'association Cœurs de Pirates

N'OUBLIEZ PAS DE PRENDRE UNE GOURDE !

PARTICIPATION :
- 5 € (avec gouter)
- 2 € 50 (sans gouter)
- 1 € (la boisson)

Le gouter aura lieu sous les arbres à 16 h 30.

VOUS POUVEZ APPORTER :
- un sac à dos
- des jumelles
- des crayons de couleur
- une boussole

A. Qu'est-ce qu'on organise ?
1. ☐   2. ☐   3. ☐

B. À quelle date cette activité a lieu ?
....

C. Combien coute l'activité sans gouter ?
1. ☐ 5 euros.   2. ☐ 2,50 euros.   3. ☐ 1 euro.

D. Qu'est-ce qu'il ne faut pas oublier de prendre ?
1. ☐   2. ☐   3. ☐

112 cent-douze

COMPRÉHENSION DES ÉCRITS

3 Lis cet article et réponds aux questions.

Street Art Fest Grenoble Alpes du 31 mai au 30 juin

La ville de Grenoble présente le plus grand festival de street art en Europe pendant 1 mois.

Le « street art » ou « art urbain » en français, ce sont toutes ces œuvres que tu peux voir dans la rue : sur les murs des maisons ou des bâtiments, les bancs publics, les trottoirs, dans le métro, parfois sur des ponts aussi.

Cet art utilise plusieurs techniques différentes : les tags, les fresques, les pochoirs, les collages, les graffitis… Il est né à New York dans les années 1960-1970.

Mais attention ! On ne peut pas peindre dans la rue. Il faut une autorisation. Les artistes qui pratiquent cet art le font en secret.

À Grenoble, les artistes (30 au total) ont l'autorisation d'exposer leurs œuvres dans 8 lieux ! Chaque jour, le public pourra assister à un évènement différent.

10 murs monumentaux, 2 000 mètres carrés de surfaces peintes…
Un évènement à ne pas manquer !

A. Quand est-ce que le Street Art Fest a lieu ?
....

B. Où est-ce que tu peux admirer des œuvres de ce festival ?
1. ☐ Dans la rue.   **2.** ☐ Dans un musée.   **3.** ☐ Dans une galerie d'art.

C. Indique deux techniques utilisées pour cet art.
....
....

D. Tout le monde peut faire du street art.
VRAI   FAUX
Justifie ta réponse avec une phrase du texte.
....

E. Combien d'artistes seront présents au Street Art Fest ?
1. ☐ 30.   **2.** ☐ 2 000.   **3.** ☐ 1 970.

cent-treize 113

PRODUCTION ÉCRITE

1 Hier, tu es allé/e faire la visite d'un musée avec ta classe. Tu écris à ton/ta correspondant/e francophone pour raconter cette sortie.

Raconte ce que tu as vu et donne tes impressions : ce que tu as aimé, ce que tu n'as pas aimé et tu expliques pourquoi.
Tu dois écrire 8 à 10 lignes.

Nouveau message
De :
À :
Objet :

PRODUCTION ÉCRITE

2 Iris t'invite dimanche à 14h pour aller nettoyer la plage avec son association de protection de la planète.

- Tu remercies Iris.
- Tu acceptes son invitation.
- Tu dis que tu seras en retard et tu expliques pourquoi.

PROTÉGEONS LA PLANÈTE

VENEZ NETTOYER LA PLAGE !

Rendez-vous dimanche à 14h
sur la plage des Tamaris.

APPORTEZ DES GANTS
ET DES GRANDS SACS !

PRODUCTION ORALE

1 **Écoute** et **réponds** aux questions.

2 **Choisis** 2 sujets et **réponds** aux questions.

Sujet 1
L'AMITIÉ

A. Tu as un/e meilleur/e ami/e ?
B. Comment il/elle s'appelle ?
C. Qu'est-ce que vous faites ensemble ?
D. Tu peux dire ses qualités ?

Sujet 2
L'ENVIRONNEMENT

A. Est-ce que tu es écolo ?
B. Quels gestes fais-tu pour la protection de la planète ?

Sujet 3
LES FÊTES

A. Quelle est la fête que tu préfères ?
B. Tu peux décrire ce que tu fais à cette occasion ?
C. Pourquoi tu aimes cette fête ?

Sujet 4
LA NOURRITURE / LES REPAS

A. Quel est ton plat préféré ?
B. Tu peux dire les ingrédients qui le composent ?
C. Est-ce que tu aimes cuisiner ?

Sujet 5
LES LOISIRS / LES ACTIVITÉS

A. Qu'est-ce que tu fais pendant ton temps libre ?
B. Qu'est-ce que tu aimes faire et qu'est-ce que tu n'aimes pas faire ?

PRODUCTION ORALE

3 **Choisis** une situation et **joue-la**.

Situation 1
LA FÊTE DE CARNAVAL

Ton/Ta correspondant/e français/e t'invite pour la fête de carnaval de son village. Tu acceptes son invitation et tu poses des questions pour savoir le jour, l'heure et quelle tenue tu dois porter.

L'examinateur/trice joue le rôle de ton/ta correspondant/e français/e.

Situation 2
LE MUSÉE

Tu es dans un musée en France et tu veux acheter des billets pour une exposition pour toute ta famille. Tu demandes des informations à l'employé/e du musée sur les tarifs, les horaires et sur les expositions en cours.

L'examinateur/trice joue le rôle de l'employé/e du musée.

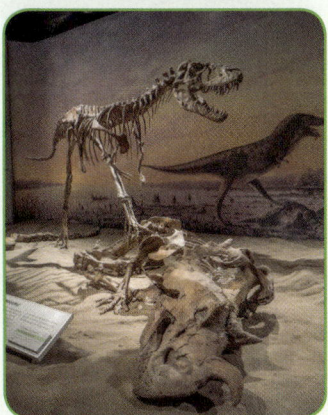

cent-dix-sept 117

GLOSSAIRE

L'ÉCOLOGIE

LES ACTIONS

- polluer
- trier
- ramasser
- nettoyer
- éteindre
- manifester
- jeter
- protéger

LES OBJETS

- une poubelle
- un déchet
- une paille
- une gourde
- un robinet
- un sac jetable
- une éponge

118 cent-dix-huit

LA FÊTE

offrir des cadeaux

s'amuser

décorer la maison

faire des blagues

voir un feu d'artifice

souhaiter la bonne année

Bonne année !

À BRUXELLES

l'aéroport

l'hôtel

le parc

la montgolfière

la place

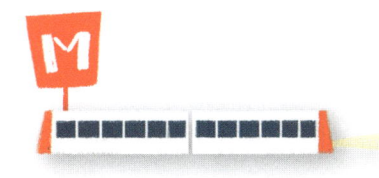

le métro

le musée

le dinosaure

la friterie

la fresque

cent-dix-neuf 119

GLOSSAIRE

L'AMOUR ET L'AMITIÉ

- se regarder
- s'offrir des cadeaux
- s'aimer
- se raconter des secrets
- se tenir la main
- se téléphoner
- s'embrasser
- se faire des câlins
- se faire des blagues

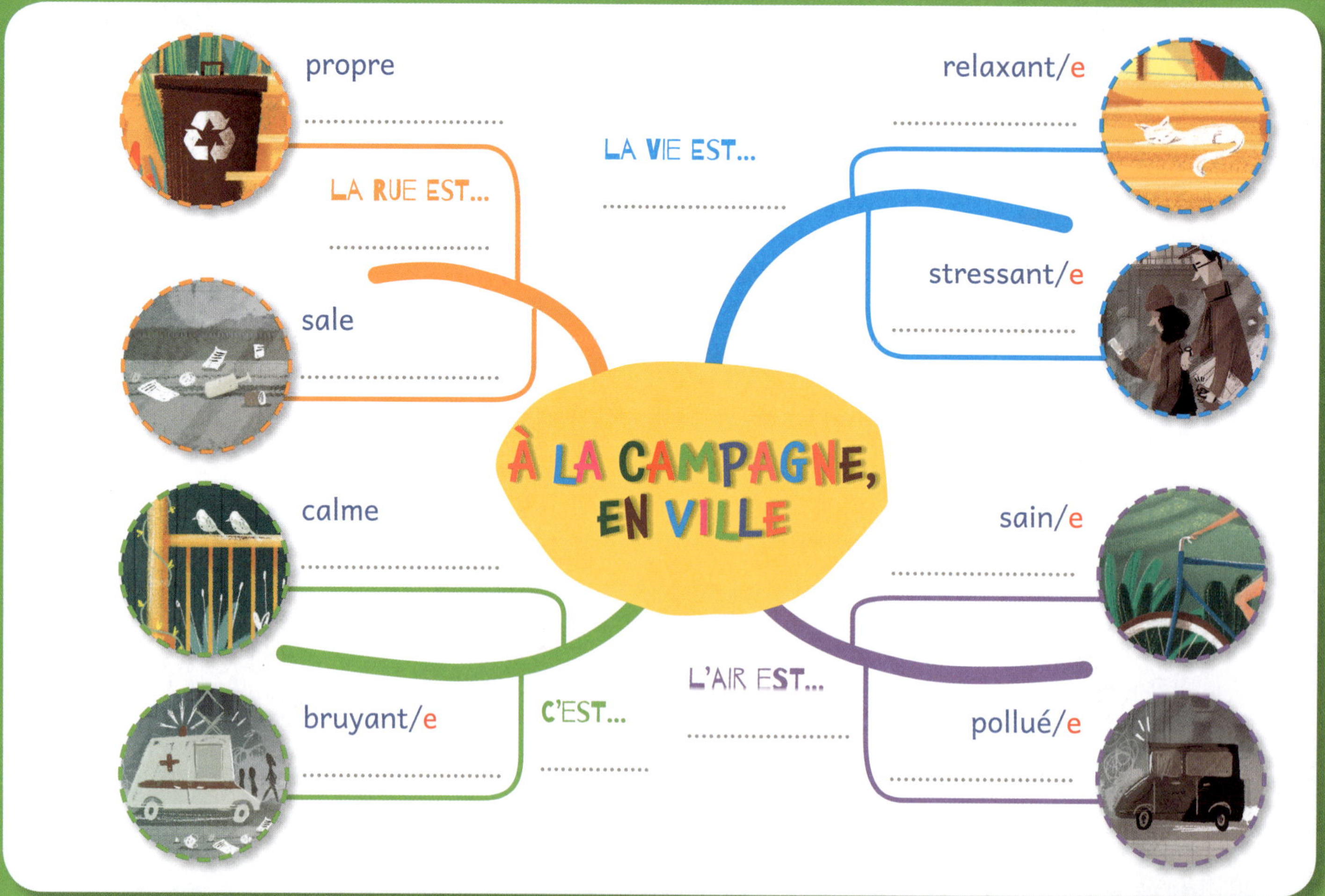

À LA CAMPAGNE, EN VILLE

LA RUE EST...
- propre
- sale
- calme
- bruyant/e

LA VIE EST...
- relaxant/e
- stressant/e

C'EST...

L'AIR EST...
- sain/e
- pollué/e

120 cent-vingt

PREMIER/ÈRE, DEUXIÈME

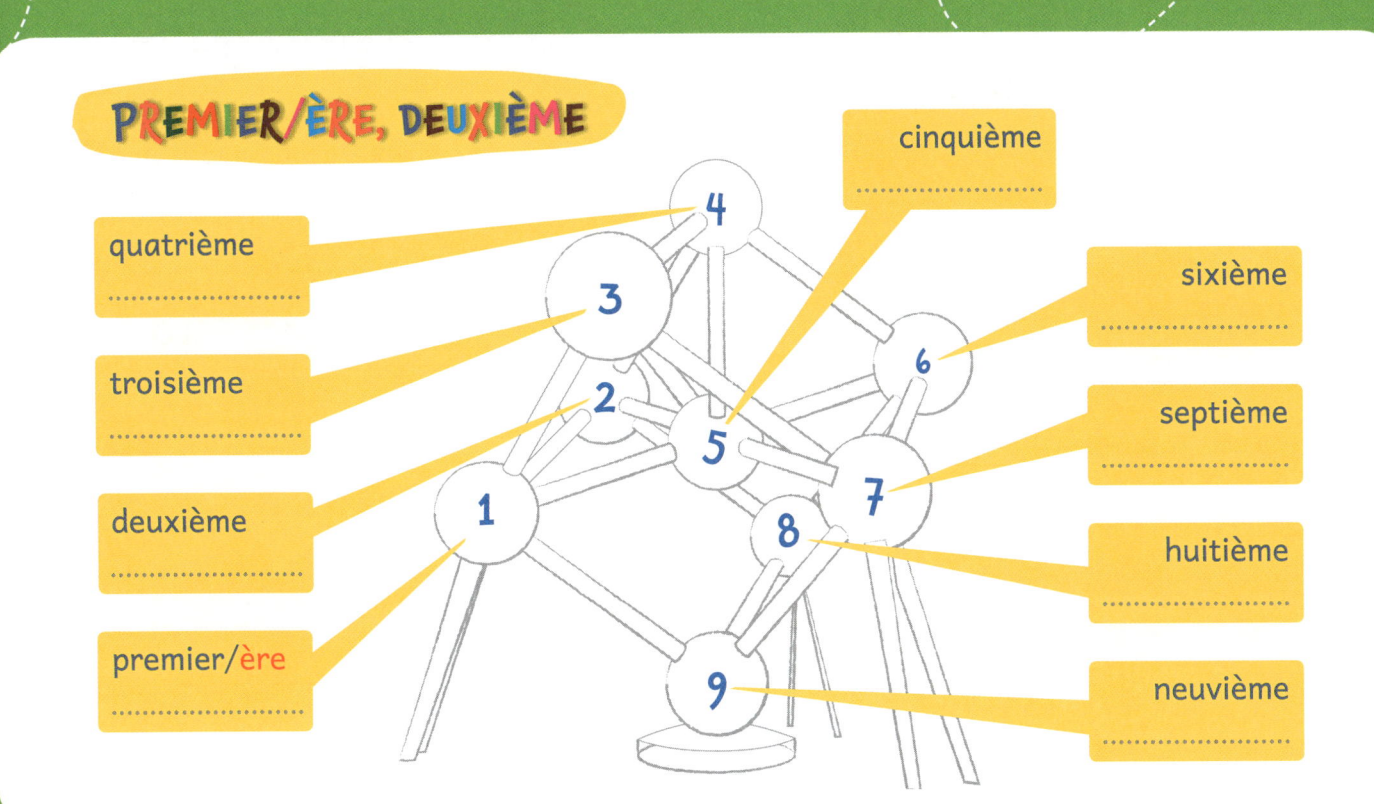

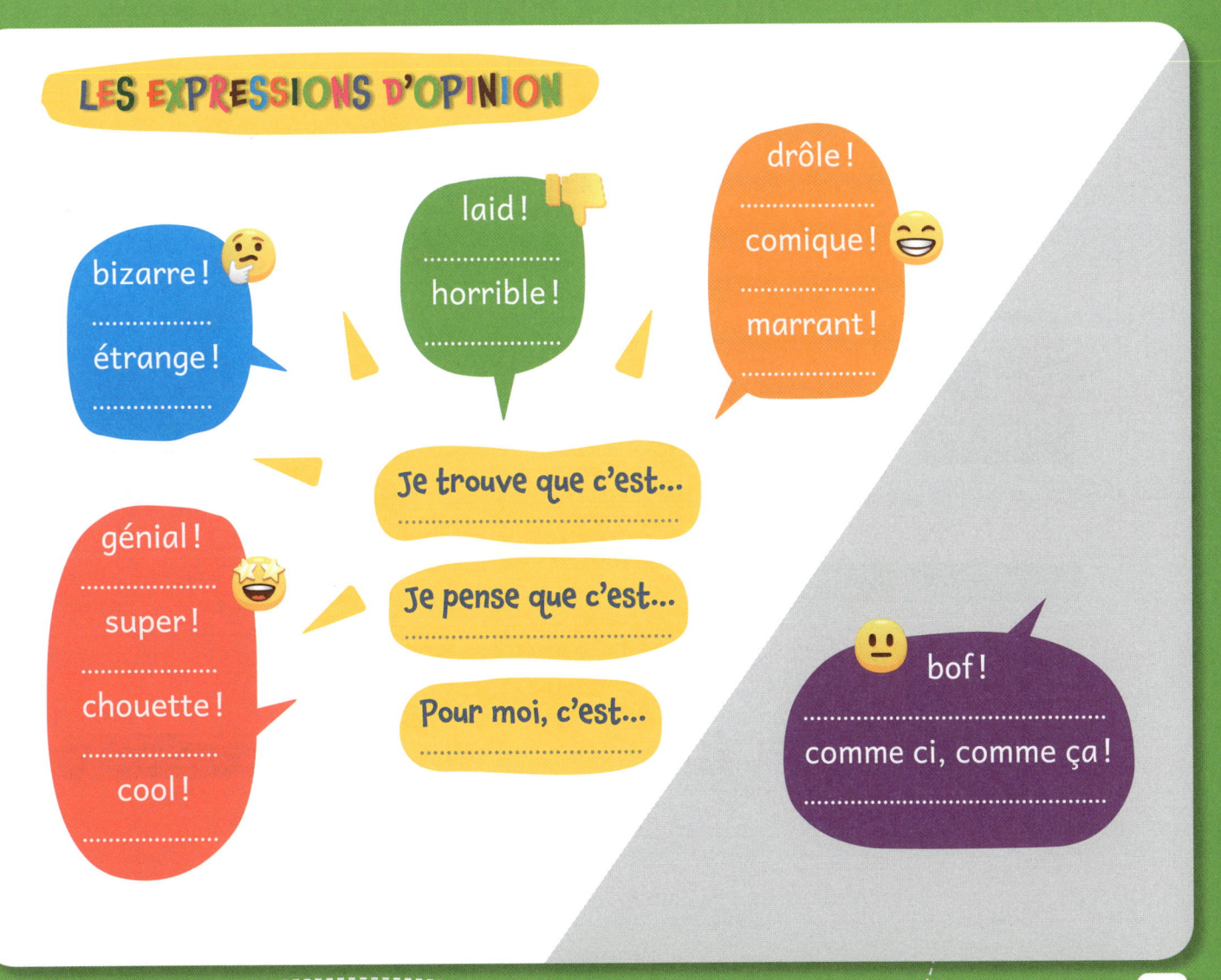

- quatrième
- troisième
- deuxième
- premier/ère
- cinquième
- sixième
- septième
- huitième
- neuvième

LES EXPRESSIONS D'OPINION

- bizarre !
- étrange !

- laid !
- horrible !

- drôle !
- comique !
- marrant !

- génial !
- super !
- chouette !
- cool !

- Je trouve que c'est…
- Je pense que c'est…
- Pour moi, c'est…

- bof !
- comme ci, comme ça !

GLOSSAIRE

L'ALIMENTATION

bon/ne pour la santé

mauvais/e pour la santé

salé/e

sucré/e

gras/se

léger/ère

POUR ÊTRE EN BONNE SANTÉ

FRUITS ET LÉGUMES
5 FOIS PAR JOUR

CÉRÉALES ET FÉCULENTS
À CHAQUE REPAS

PRODUITS LAITIERS
3 FOIS PAR JOUR

VIANDE, POISSON, ŒUFS
1 FOIS PAR JOUR

PRODUITS GRAS, SUCRÉS OU SALÉS

BEAUCOUP — UN PEU — TRÈS PEU

EAU : AUTANT QUE TU VEUX

122 cent-vingt-deux

A B C

IL SE PASSERA QUOI ?

la semaine prochaine	l'année prochaine	dans un an	en 2030	quand Gaston sera vieux
....	....	....	....	....

Qu'est-ce que tu as fait...

- le weekend dernier ? ....  
- le jour de ton anniversaire ? ....
- pendant les vacances ? ....
- hier ? ....
- ce matin ? ....
- la semaine passée ? ....

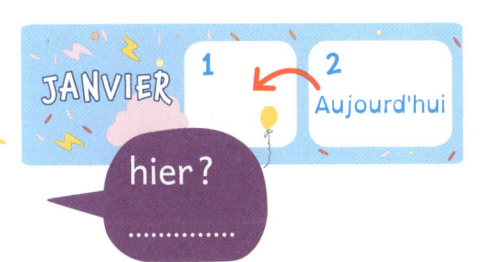

cent-vingt-trois 123

CHANSONS

UNITÉ 1

♪ LA PLANÈTE, C'EST NOUS !

Je suis Sam, Stop-Plastiko !
Suis mon conseil de superhéros :
Si tu as soif et que tu veux boire de l'eau,
utilise une gourde, c'est plus écolo !

Je suis Emma, Mini-Conso !
Suis mon conseil de superhéroïne :
Si tu as fini de faire ton gâteau,
éteins la lumière de la cuisine !

Refrain
La planète, c'est nous !
La planète, c'est nous !
Il faut agir, il faut qu'on se secoue !
La planète, c'est nous !
La planète, c'est nous !
Il faut prendre soin de tout
ce qui est autour de nous !

Je suis Hector, Hector Sakado !
Suis mon conseil de superhéros :
Si tu vas au marché acheter
des abricots,
prends ton panier ou un grand sac
à dos !

Je suis Gabriel, le grand Recyclo !
Suis mon conseil de superhéros :
Si ta confiture est déjà finie,
réutilise le pot ou fais le tri !

Refrain.

UNITÉ 2

♪ TU NOUS MANQUERAS TRÈS FORT, GASTON

On se reverra
quand on voudra, quand on pourra.
Peut-être quand on sera grands
quand les poules auront des dents.

On s'appellera
pour se souhaiter la bonne année.
On te parlera de Paris
et toi de ta vie ici.

Refrain
Tu nous manqueras très fort, Gaston,
mais on chantera cette chanson
et on se rappellera de notre beau pigeon,
avec beaucoup d'émotion.

On se souviendra
de tes chansons et de tes blagues.
De notre super voyage,
des montagnes, des jungles,
des plages...

On restera
toujours les meilleurs amis.
Nous là-bas et toi ici,
pour le reste de la vie !

Refrain.

Et quand on verra un feu d'artifice,
on pensera à cette nuit de fin d'année,
à ces moments heureux et magiques,
juste avant de se séparer.

Refrain.

UNITÉ 3

♫ BRUXELLES, PARIS

Bruxelles est belle,
Paris aussi.
Elles ne sont pas pareilles,
mais elles sont jolies.

Bruxelles est grise,
Paris aussi.
Ce sont deux villes
sous la même pluie.

Refrain
Bruxelles, Paris,
Bruxelles, Paris,
j'aime vivre là-bas
et j'aime vivre ici.
Bruxelles, Paris,
Bruxelles, Paris,
j'aime vivre là-bas
et j'aime vivre ici.

Bruxelles, elle chante,
Paris aussi.
La musique est vivante
dans ces deux villes.

Bruxelles est spéciale,
Paris aussi.
Il y a beaucoup de touristes
qui les visitent.

Refrain.

Bruxelles, elle bouge,
Paris aussi.
Bruyantes le jour,
calmes la nuit.

Bruxelles est gourmande,
Paris aussi.
Il y a du chocolat
et des pâtisseries.

Refrain.

UNITÉ 4

♫ ÉVA COUSTEAU, LA GRANDE AVENTURIÈRE

Éva Cousteau, la grande aventurière,
savez-vous ce qu'elle a fait ?

Elle est sortie de sa maison.
Elle est montée dans un avion.
Elle est arrivée au Gabon.
Elle est allée voir des lions.
Elle est repartie en camion.
Elle est passée sur un grand pont.
Elle est tombée sur un typhon.
Elle est restée en suspension.
Elle est tombée dans un wagon.
Elle est arrivée à gare de Lyon.
Et après cette petite excursion,
elle est rentrée à la maison.

Éva Cousteau, la grande aventurière,
savez-vous ce qu'elle a fait ?

Elle est sortie de sa maison.
Elle est montée dans un avion.
Elle est arrivée à La Réunion.
Elle est allée voir des poissons.
Elle est repartie en camion.
Elle est passée sur un grand pont.
Elle est tombée sur un typhon.
Elle est restée en suspension.
Elle est tombée dans un wagon.
Elle est arrivée à gare de Lyon.
Et après cette petite excursion,
elle est rentrée à la maison.

Éva Cousteau, la grande aventurière,
savez-vous ce qu'elle a fait ?

Elle est sortie de sa maison.
Elle est montée dans un avion.
Elle est arrivée au Japon.
Elle est allée voir des papillons.
Elle est repartie en camion.
Elle est passée sur un grand pont.
Elle est tombée sur un typhon.
Elle est restée en suspension.
Elle est tombée dans un wagon.
Elle est arrivée à gare de Lyon.
Et après cette petite excursion,
elle est rentrée à la maison,
avec son chaton.

LA CARTE DU MONDE

OCÉAN ATLANTIQUE

OCÉAN PACIFIQUE

OCÉAN ANT

N
O E
S

126 cent-vingt-six

OCÉAN ARCTIQUE

OCÉAN PACIFIQUE

EVEREST
8.848m

ÉDITERRANÉE

OCÉAN INDIEN

iQUE

cent-vingt-sept 127

Autrices
Amandine Demarteau, Nilgün Ergün, Gwendoline Le Ray, Fanny Piat, Hélène Simon, Stéphanie Pace, Adélaïde Tilly

Coordination éditoriale et pédagogique
Virginie Karniewicz, Aurore Baltasar

Révision pédagogique
Agustín Garmendia

Illustrations
Robert Garcia (Gaur estudio)
Cristina Torrón (jeux)

Reportage photographique
Celina Bordino

Conception graphique et couverture
Laurianne López, Cristina Muñoz Idoate

Mise en page
Cristina Muñoz Idoate, Ana Varela García

Mise en page autocollants
Ana Varela García

Correction
Martine Chen

Autrice, compositrice, interprète
Anna Roig

Arrangements musicaux
Magí Batalla et Cadu Medeiros

Enregistrements
Blind Records

Locuteurs
David Bocian, Mathilde Eloy, Jamila Evans-Evans, Hilaire Besse, Charlotte Balabaud, Anouk, Juliette, Paul, Pol, Sacha

Remerciements
Nous tenons à remercier Estelle Foullon pour l'organisation des reportages photos. Et enfin merci à nos modèles Anouk, Gabin, Juliette et Pol.

Crédits photographiques de la partie *Livre de l'élève*
Unité 0 p.12/Istock/EasyBuy4u; Istock/Vitalina; Istock/GCapture; Istock/DustyPixel; Istock/gbh007; Istock/Simone Capozzi; Istock/amenic181; Istock/ksena32; Istock/Magone; Istock/gutaper; Istock/Ale-ks; Istock/subjug; **Unité 1** p.18/Istock/sabelskaya; Istock/filo; Istock/Ratsanai,/Istock/Sky_melody; p.19/Istock/luplupme; Istock/DmitryMo; p.20/Istock/luplupme; Istock/FRDMN; Istock/Marvid; Istock/Denys; p.21/Wikimedia commons/gracie otto; Pixabay/Ryan_Stekken; Wikimedia commons/Mikel Janín / DC Comics; Pixabay/molnar; p.22/Istock/ady_sanjaya; Istock/Naddiya; p.25 Robin, Igor, Brendan, Joaquim. Sailing For Change.; Enacus Morocco;@byebyeplasticbags; **Unité 2** p.26/Istock/Nadzeya_Dzivakova; Istock/Poganka06; Istock/MicrovOne; p.29 ©creipac Illustrations Nicolas Martin et Cyril Charlot; p.30/Istock/Jane_Kelly; Istock/kwaggy; Istock/calvindexter; Adobestock/geengraphy; p.31/Istock/dafka; Istock/Andrey Vissayev; Istock/Ekaterina Romanova; p.32/Istock/miakievy; Istock/creatarka; Istock/Alhontess; Istock/tupungato; Istock/saemilee; Istock/LysenkoAlexander; Istock/antadi1332; Istock/insemar; Istock/Natalia Kuprova; p.34/Adobestock/DG-Studio; Istock/Denis Klook; Istock/kimberrywood; Istock/nidwlw; p.35/Istock/AVIcons; p.37/Istock/ferrantraite; Istock/shahramazizi; Istock/oatawa; Istock/AleksandarNakic; **Unité 3** p.42/ Georges Demarteau; p.43 extrait de « Le Chat est content » Philippe Geluck ©Casterman, avec l'aimable autorisation de l'auteur et des Éditions Casterman; Istock/greenwatermelon; Istock/artvea; Istock/ady_sanjaya; Istock/Iefym Turkin; p.49 Amandine Demarteau; Fernando Veiras; Istock/mustafahacalaki; Ella&Pitr, Ludovic Delage; **Unité 4** p.56/Istock/Pavlo Rybachuk; Istock/Guzaliia Filimonova; Istock/bortonia; Istock/Guzaliia Filimonova; Istock/vectorikart; p.57/Istock/Bezvershenko, Istock/LenkaSerbina; Istock/ONYXprj; Istock/undefined undefined; Istock/TopVectors; Istock/TheToonPlanet; Istock/Ihor Biliavskyi; Istock/TheToonPlanet; p.58/Istock/calvindexter; Istock/Jane_Kelly; Istock/PinkPueblo; Istock/switchpipipi; Adobestock/Albachiaraa; p.61/Istock/difinbeker; Wikimedia commons/anonyme; Istock/lushik; Adobestock/wickerwood

Crédits photographiques de la partie *cahier d'activités*
Unité 0 p.6 Adobestock/Jane_Kelly; Adobestock/puruan; Adobestock/ONYXprj; **Unité 1** p.10 Adobestock/yaniv; Istock/KatarzynaBialasiewicz; Istock/Halfpoint; Istock/SolStock; p.12 Istock/luplupme; Dreamstime/Ivan Ekushenko; p.15 Pixabay/Ryan_Stekken; pxhere.com; Adobestock/debbiejew; Istock/Denys; Istock/luplupme; p.17 Wikimedia commons/Richie S; Wikimedia commons/Cristian Bortes; Wikimedia commons/ABC Television; p.18 Istock/lukbar; pxhere.com; Istock/nielubieklonu; Istock/Alessandro2802; Istock/Christian TESSIER; Istock/olegmit; p.19 Istock/Floortje; Istock/hocus-focus; Istock/wabeno; Istock/design56; Istock/goir; Istock/gaffera; Istock/coulie; Istock/Ghing; pxhere; **Unité 2** p.20 Istock/ISerg; Istock/anilakkus; Istock/fcafotodigital; Istock/photomaru; Istock/scanrail; Istock/Gannet77; Istock/GetUpStudio; Istock/choness; Istock/PhotonStock; Istock/nidwlw; p.22 Istock/erierika; Istock/AlexRaths; Istock/WaffleBoo; Istock/undefined undefined; Istock/Irina_Qiwi; p.24 Istock/creatarka; Istock/saemilee; Istock/antadi1332; Istock/creatarka; Istock/insemar; p26 Istock/phleum; p.27 Adobestock/mariannerjensen; Adobestock/Pedro H C Pinheiro; Istock/percds; Istock/y-studio; p.28 Istock/kwaggy; Istock/Savaryn; © Nathan; © Studio Boule & Bill, 2020; © Slalom et Anne-Lise Nalin; Istock/zak00; Istock/tsirik; Istock/ONYXprj; Istock/cirodelia; Istock/953526672; p.29 Adobestock/DG-Studio; Istock/kimberrywood; Istock/nidwlw; **Unité 3** p.32 Istock/buburuzaproductions; Istock/Daniel Gauthier; Istock/Ekely; Istock/petekarici; p.33 Adobestock/bioraven; p.34 Istock/Алексей Филатов; Istock/MilosStankovic; Istock/Aleksandrs Goldobenkovs; Istock/Stanislava Karagyozova; Istock/RelaxFoto.de; Istock/naveen0301; Dreamstime/Tuncdindas; p.37 Flickr/DocChewbacca; Adobestock/Alexandr Vorobev; © SILVER/McK; © Allary éditions - Riad Sattouf; p. 38 Istock/Aerial3; Istock/Ksenica; Istock/pogrebkov; Istock/zoom-zoom ; Istock/IgorKrapar; Georges Demarteau; **Unité 4** p.43 Istock/Neziha Kalı Ertuğrul; Istock/1053472118; Istock/bravo1954; Istock/LightFieldStudios; Istock/CasarsaGuru; Istock/Davizro; Istock/bravo1954; Istock/czekma13; Istock/CherriesJD; Istock/Gogosvm; Istock/LeManna; Istock/efesan; Istock/Mlenny; Istock/Lubushka; p.44 Dreamstime/Aputin308; p.45 Istock/farakos; Adobestock/Brad Pict; Istock/Sergey Spritnyuk; Istock/Pichest; Istock/Proformabooks; Istock/unpict; Istock/fcafotodigital; Istock/Ale-ks; Istock/anna1311; Istock/AlasdairJames; Istock/Pineapple Studio; Istock/pidjoe; Istock/Arsty; Istock/Marat Musabirov; Istock/photomaru; Istock/Creativeye99; Istock/Maksym Narodenko; p.46 Istock/lukbar; p.47 Wikimedia commons/DFID - UK Department for International Development; Wikimedia commons/Anonyme; Wikimedia commons/NASA on The Commons; Wikimedia commons/Anonyme; Wikimedia commons/Jack Good, Donald Michie, Geoffrey Timms (1945), General Report on Tunny: With Emphasis on Statistical Methods, UK Public Record Office HW 25/4 and HW 25/5; Istock/Rat0007; Istock/Daft_Lion_Studio; Istock/Bulgac; Istock/Mubera Boskov; Istock/vasabii; Istock/Cginspiration; DELF PRIM p. 72 Istock/filo; p.73 Istock/calvindexter; p.74 Istock/stevezmina1; Istock/Ekaterina Romanova; Istock/stevezmina1; p.79 Istock/BargotiPhotography; Adobestock/WavebreakmediaMicro; Adobestock/gpointstudio; Adobestock/Pecold; Adobestock/Jeff Whyte; Istock/Nirad; Glossaire p.80 Istock/filo; p.81 Istock/Jane_Kelly; Istock/kwaggy; Istock/calvindexter; Istock/phleum; p.83 Istock/Iefym Turkin; p.84 Istock/Pavlo Rybachuk; Istock/Guzaliia Filimonova; Istock/Guzaliia Filimonova; Istock/bortonia; Istock/vectorikart; Istock/TheToonPlanet; Istock/ONYXprj; Istock/TopVectors; Istock/Bezvershenko; Istock/Ihor Biliavskyi; Istock/undefined undefined; p.89 Adobestock/Olivier DIRSON; Istock/Nongkran_ch; Istock/danleap; Istock/Toxitz; Istock/eyewave; **Autocollants** p.A Dreamstime/Katarzyna Bialasiewicz; Dreamstime/aekkarak Thongjiew; Dreamstime/Lesia Sementsova; p. C Istock/typo-graphics; Istock/Imladris01; Adobestock/PackShot;

Vidéos
Unité 1 « Poseidon attacks litterbug » / © Plastic Change www.plasticchange.org / The Animation Workshop, Denmark
Unité 2 Pelico est sur le départ ! / L'association Par le monde
Unité 3 Tok-Tok : comment colorer le monde ? / Petit Bateau-le Palais de Tokyo
Unité 4 1 Jour 1 Question : Pourquoi doit-on faire attention à ce qu'on mange ? / scénario d'Axel Planté-Bordeneuve, dessins de Jacques Azam, une coproduction ©Milan Presse et France Télévisions

Tous les textes et documents de cet ouvrage ont fait l'objet d'une autorisation préalable de reproduction. Malgré nos efforts, il nous a été impossible de trouver les ayants droit de certaines œuvres. Leurs droits sont réservés aux Éditions Maison des Langues et Difusión.

© Difusión, Centre de Recherche et de Publications de Langues, S.L., 2020
ISBN édition internationale : 978-84-18032-15-8
ISBN édition hybride : 978-84-19236-94-4
Réimpression : janvier 2024
Imprimé dans l'UE

Toute forme de reproduction, distribution, communication publique et transformation de cet ouvrage est interdite sans l'autorisation des titulaires des droits de propriété intellectuelle. Le non-respect de ces droits peut constituer un délit contre la propriété intellectuelle (art. 270 et suivants du Code pénal espagnol).

www.emdl.fr/fle

AUTOCOLLANTS

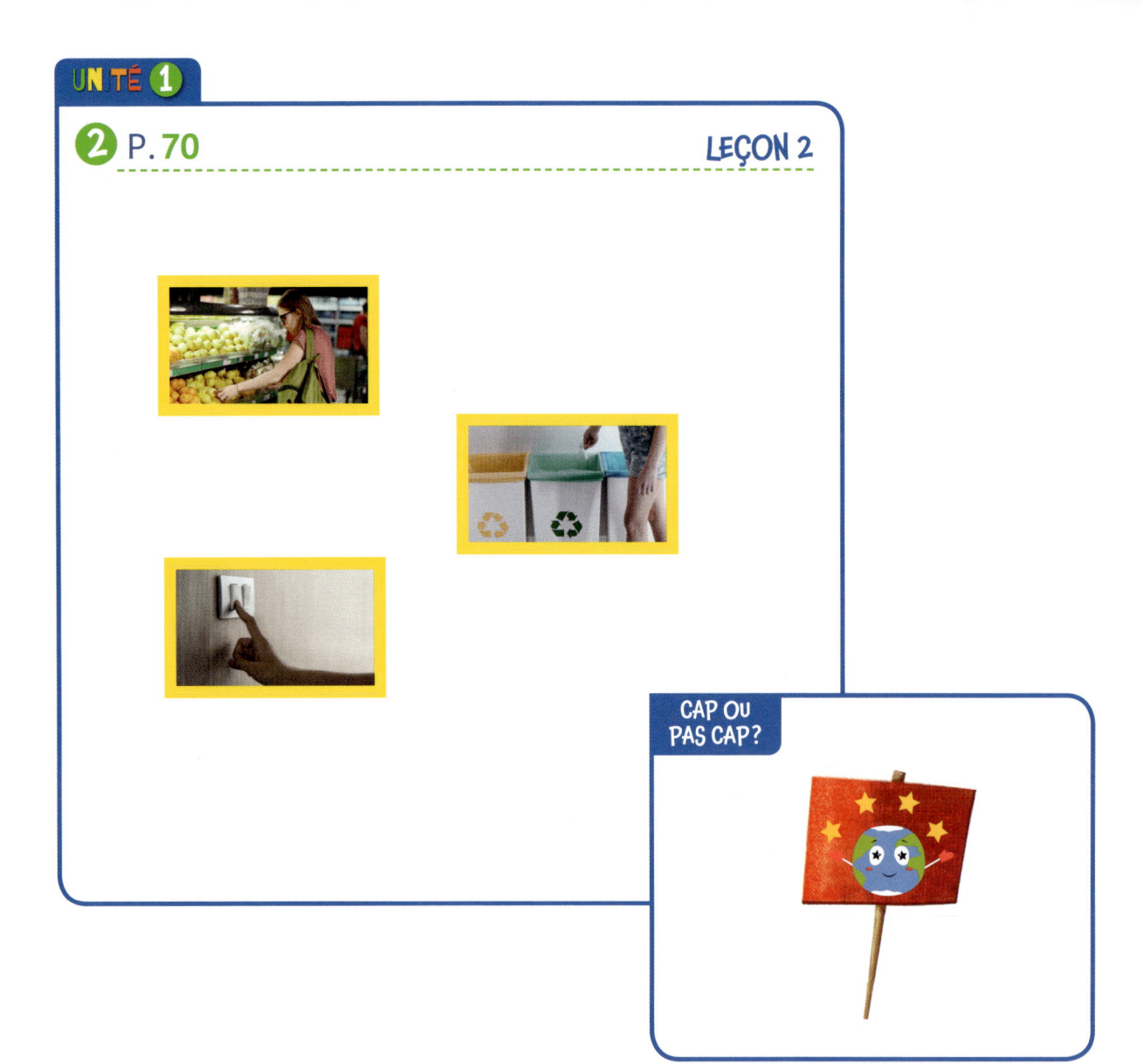

UNITÉ 1

2 P. 70   LEÇON 2

CAP OU PAS CAP?

UNITÉ 2

2 P. 78   LEÇON 1

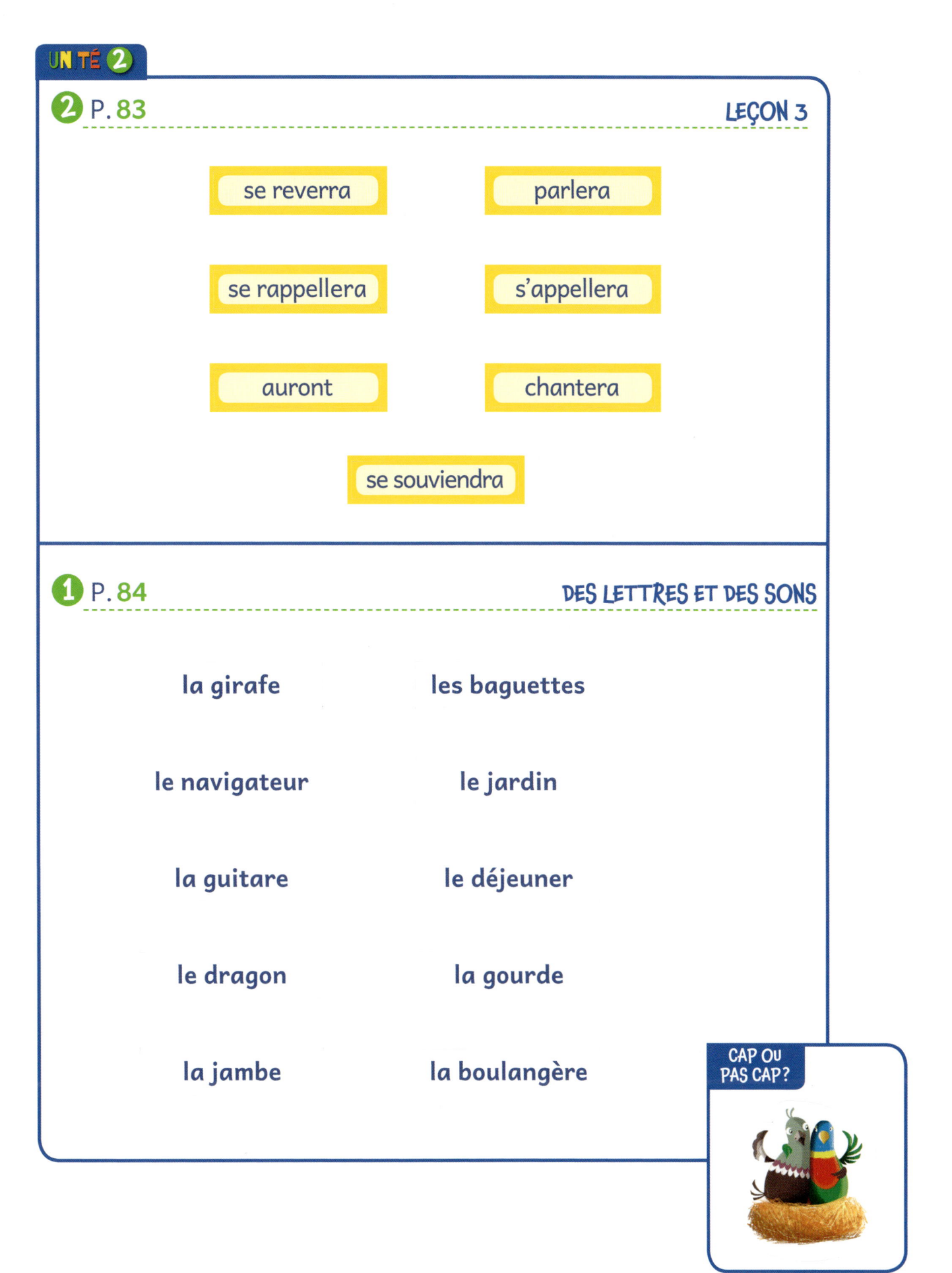

UNITÉ 2

2 P. 83 — LEÇON 3

se reverra   parlera

se rappellera   s'appellera

auront   chantera

se souviendra

1 P. 84 — DES LETTRES ET DES SONS

la girafe   les baguettes

le navigateur   le jardin

la guitare   le déjeuner

le dragon   la gourde

la jambe   la boulangère

CAP OU PAS CAP ?

UNITÉ 3

❸ P. 89 — LEÇON 1

❶ P. 96 — CAP SUR LES ARTS PLASTIQUES

CAP OU PAS CAP ?

UNITÉ 4

1 P. 100   LEÇON 2

CAP OU PAS CAP ?

D